Kletterrose 'Paul Noèl' mit Lupinen (Mitte), Rittersporn (links hinten) und Lupinen (Mitte)

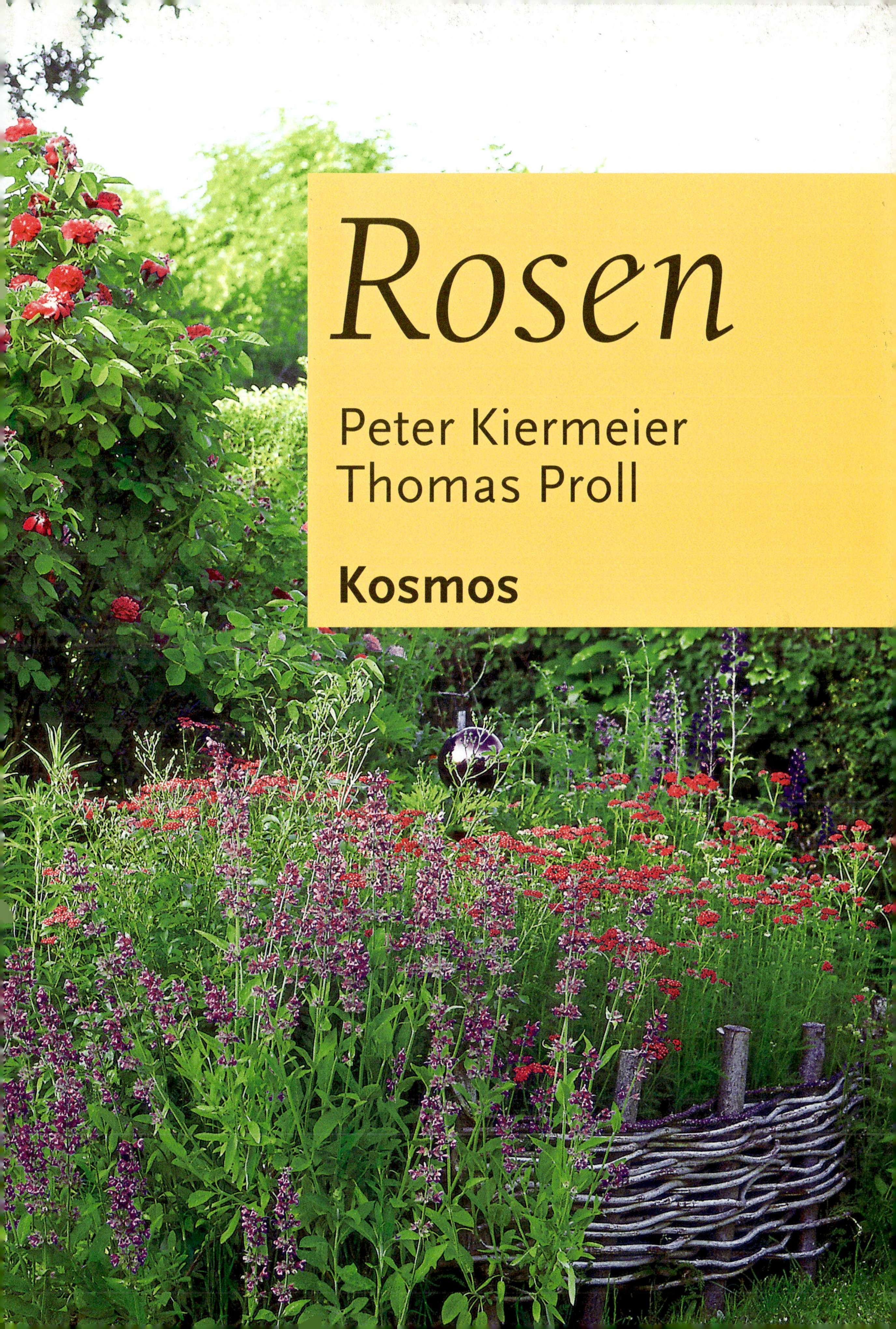

Rosen

Peter Kiermeier
Thomas Proll

Kosmos

Mit Rosen gestalten

'KOSMOS®'

Rosen und ihre Begleiter

'Sweet Pretty®'

Rosenpraxis – einfach gemacht

Die besten Rosen für Ihren Garten

'Heidetraum®'

Westzeit®

Mit Rosen gestalten

Zwei, die sich mögen:
weißer Rambler 'Kiftsgate' (rechts)
und Historische Rosen (links),
wie zum Beispiel 'Fantin Latour'

Rosen im Jahresverlauf

Rosen wie Apotheker-Rosen (*Rosa gallica* 'Officinalis') wirken ohne Partnerpflanzen längst nicht so prachtvoll wie in der Gesellschaft von Stauden, Sommerblumen oder Blütensträuchern.

Das Rosenjahr beginnt nicht erst mit den am frühesten blühenden Strauchrosen Ende Mai, Anfang Juni, sondern bereits mit deren Blattaustrieb im April. Gerade entfaltet, zeigen die meisten Beetrosen intensiv braunrot getöntes Laub, das mit vielen Frühlingsstauden gut harmoniert. Vornehmlich blaue, lila-, creme- oder orangefarbene Stauden vertragen sich bestens mit dem Bronzeton des neuen Laubes. Die begleitenden Stauden müssen niedrig sein, damit Luft und Licht an die jungen Rosenblätter gelangen können und damit außerdem die stacheligen Zweige nicht die Blütentriebe der Begleitpflanzen zerfleddern.

Der Juni als Rosenmonat stellt die eigentliche Herausforderung an die Auswahl von Rosen und Partnerpflanzen dar. Gefordert sind Farbensinn, Kenntnisse zu Kombinationsmöglichkeiten, Gespür für Blütenabfolgen und die Einschätzung der gemeinsamen Standortfaktoren. Im Spätsommer und Herbst sind Pflanzenzusammenstellungen gefragt, die Rücksicht auf die Neigung mancher Rosen nehmen, ab August die Blätter abzustoßen. Es sollte nicht alles für die letzte Spanne im Blütenjahr kahl und bloß dastehen. Reichliche Hagebuttenbildung, an manchen Sorten erwünscht, verlangt nach entsprechender farblicher Begleitung, um das Rosenjahr dezent ausklingen zu lassen. Bereiten wir unsere Favoriten für das kommende Frühjahr vor.

Rund um die Edelrosen 'Barkarole®' (Mitte oben) und 'Erotika®' (rechts oben) ist ein monochromes, das heißt ein einfarbiges, rotes Beet mit unterschiedlich rot blühenden und rotlaubigen Stauden und Sommerblumen gestaltet worden.

Buntes in zarten und lichten Tönen steigert die Leuchtkraft der hellgelb gefärbten 'Sunlight Romantica®'. Flammenblumen, Taglilien, Dill, Katzenminze und Goldgarbe sind zu einem heiteren Sommerbild vereint.

Nur Rosen mit kräftigen Farbtönen wie die Strauchrose 'Mozart' können sich gegen derart intensive spätsommerliche Buntheit behaupten.

Farbenspiele

„Rote Rosen“ leben nicht nur in der Illusion von Operettenliedern und Schlagertexten. Im Gegenteil: Sie sind durchaus real. Das makellose, leuchtende Rot der perfekten Blüten der Edelrose 'Barkarole®' lässt sich auf mehrere Weisen steigern: Entweder kontrastiert man es mit gegensätzlichen Farben oder ergänzt es mit gleichfarbigen rot blühenden Stauden oder Sommerblumen, um gleichsam seine Wirkung bis zur Perfektion hochzutreiben.

Die Frage nach der idealen Farbkombination lässt sich nicht genau beantworten, es hängt von persönlichen Vorlieben und Stimmungen ab, welche Farbpartnerschaft man bevorzugt. Man kennt einfarbige, auch monochrom genannte Gestaltungen, in denen neben dem stets vorhandenen Blattgrün eine einzige Blütenfarbe vorherrscht, beispielsweise Weiß, Gelb oder Rot. Hierbei wird ein einziger Farbton in seinen Hell- und Dunkelvarianten oder in seiner Leuchtkraft von matten Schattierungen bis zur äußersten Brillanz abgewandelt. Daneben gibt es Zwei-, Drei- und Vielfachfarbklänge. Je mehr Farbtöne indessen zusammentreffen, um so bunter, schriller oder unharmonischer kann das Bild werden. Attraktiv sehen Zweiklänge gegensätzlicher Farben aus, etwa Orange kontra Violett oder lichtes Rosa gegen Hellgrün. Ein elegantes Duo stellt Gelb oder Cremegelb vereint mit Blau oder Lila dar. Atemberaubend präsentieren sich hellste Blüten wie Weiß, Rosa oder Apricot in einem Strauß dunkelster Laubfarben wie Bronzebraun oder metallisch glänzendem Schwarzgrün. Farbdreiklänge gibt es in unterschiedlichen Qualitäten. Entweder können sie aus drei im Farbkreis nebeneinander liegenden Tönungen bestehen, wie Rot, Orange und Gelb. Oder sie ergeben sich aus Komplementärfarben ergänzt mit einem neutralen Pigment, zum Beispiel Gelb und Blau mit Weiß oder Orange und Lila mit Silbergrau. Prachtvoll und herausfordernd sehen Pflanzungen aus, in denen der

DER FARBKREIS

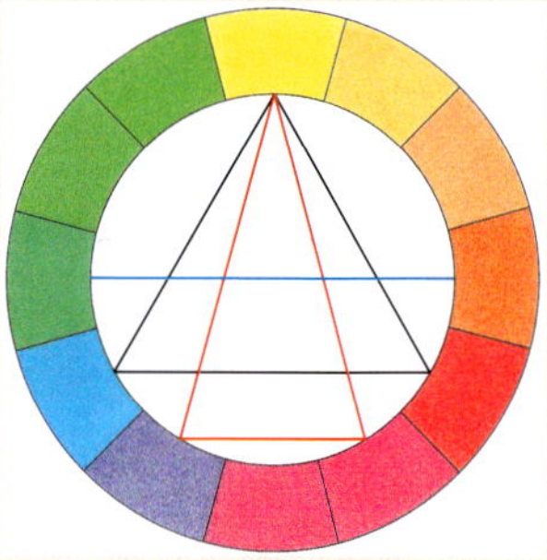

Geeignete Farben für eine gute Kombination von Rosen und Partnerpflanzen finden Sie, indem ein gleichseitiges Dreieck (schwarze Linie) oder ein Dreieck mit zwei gleich langen Seiten (rote Linie) im Farbkreis wie die Zeiger einer Uhr gedreht werden. Die Spitzen der Dreiecke zeigen jeweils auf die miteinander harmonierenden Farben. Schöne Farbzweiklänge finden sich, wenn man Farben wählt, die sich im Farbkreis gegenüber stehen (blaue Linie), Komplementärfarben genannt.

Primärdreiklang aus den Grundfarben Rot, Blau und Gelb vorherrscht. In abgewandelten Dreiklängen wird das Rot entweder zu Rosa aufgehellt oder nach Braunrot abgedunkelt, das Blau in Richtung hellem Lila oder dunklem Violett oder das Gelb nach Cremegelb oder Gelbgrün verändert.

Für kleine Beete sind Farbzweiklänge besonders gut geeignet. Die öfterblühende Strauchrose 'Centenaire de Lourdes®' in frischem Rosa findet einen idealen Farbpartner im gelbgrün blühenden Schleier-Frauenmantel (*Alchemilla mollis*), einer dankbaren Staude, die, sofort nach der Blüte zurückgeschnitten, die Rosenblüte bis in den Herbst begleitet.

Einen Dreiklang aus warmen Farben bestehend zeigt eine Kombination aus roten und orangefarbenen Rosen wie 'Fellowship®'. Dazu gesellen sich gelbrote Kokardenblumen (*Gaillardia*-Sorten, vorne links), gelbe Sonnenbraut (*Helenium* 'Bressingham Gold', rechts hinten) und Stauden-Sonnenblumen (*Helianthus decapetalus* 'Soleil d'Or, links hinten).

Ein farbprächtiges Duett ergibt sich mit der Paarung zweier kalter Farben. Die karminrosa Remontant-Rose 'Magna Charta' ergänzt sich glanzvoll mit der reichblühenden Glockenblume (*Campanula persicifolia*), deren violettblaue Sorte 'Highcliffe' bis zu 1 m hohe Blütenständen entwickelt.

Die Strauchrose 'Mozart', karminrosa mit weißem Auge, findet sich in einem Zweiklang wieder, in dem beide Partnerstauden, die cremeweiße Binsenlilie (*Sisyrinchium striatum*) und der rosa Storchschnabel (*Geranium endressi* 'Wargrave Pink') die Tönungen der Rosenblüte reflektieren.

Traumhafte Beete und Rabatten gestalten

Kleinblütige Strauchrosen wie die Sorte 'Mozart' stellen großartige Partnerpflanzen zu Beetstauden dar. Grazile lila Schirm-Verbenen (*Verbena bonariensis*) gesellen sich zu üppigen purpurnen Indianernesseln (*Monarda* 'Gewitterwolke') und zum schwarzroten Perückenstrauch (*Cotinus coggygria* 'Royal Purple').

Rechts: Weiße Gärten entstanden aus der Überlegung, dass in der Dämmerung eines heißen Sommerabends, wenn die Farben des Tages schwinden, das kühle Weiß angenehm auf die Seele wirkt. Hier ergänzen die Blütenstände des Fingerhutes (*Digitalis purpurea* 'Alba') die wohlgeformten Blütendolden der Strauchrosen 'Schneewittchen'.

ENGLISCHE ROSEN

Der britische Züchter David Austin kreuzte Historische und moderne Sorten. Er wünschte einerseits den Charme der alten Rosen, ihre zeitlos schönen Blütenformen einschließlich des Duftes zu bewahren. Andererseits wollte er die Robustheit, Vitalität und Widerstandskraft gegen Krankheiten der modernen Rosen sowie deren Reichblütigkeit und lange Blühdauer damit vereinen. Daraus entstand eine Rosengruppe mit den Vorzügen beider Herkünfte, die in der Umgangssprache Englische Rosen genannt werden. Austins Züchtungen sind an das englische Wetter gut angepasst, was ihre bisweilen zu beobachtenden Misshelligkeiten mit dem andersartigen kontinentalen Klima erklärt.

Eine klassische Kombination, früher vielfach in Bauerngärten anzutreffen, bilden mächtige Rittersporne, hier die Sorte 'Guinevere' aus der *Delphinium-Pacific*-Gruppe, mit prachtvollen Rosen (Strauchrose 'Lavender Lassie'). Als nahe verwandter Farbton ergänzt sich lichtes Violett bestens mit kräftigem Rosa.

Der Begriff „Beetrosen" klingt so ausschließlich, wie wenn andere Rosentypen nichts in einem Beet zu suchen hätten. Die abgebildeten Strauchrosen beweisen das Gegenteil. Rosen in Beete zu pflanzen, ist nichts Ungewöhnliches. Dafür darf man nicht nur die eigentlichen Beetrosen verwenden, sondern grundsätzlich ebenso alle übrigen Varianten. Es hängt allein von der Größe eines Beetes ab, welche Sorten eingeplant werden können. Mit dem Begriff „Beetrose" fasst man heute die nicht mehr klar unterscheidbaren früheren Polyantha-, Polyantha-Hybrid- sowie die Floribunda- und Floribunda-Grandiflora-Rosen zusammen. Der Name „Beetrose" weist mehr auf die optimale Verwendungsform hin, denn die Beetrosen sind von ihren Wuchsformen sowie von ihrem Blütenreichtum her nicht als Einzelgänger zu sehen wie etwa großbuschige Strauchrosen. Sie sollten stattdessen stets zu mehreren, in unterschiedlich großen Gruppen, mitunter sogar flächig, am besten mit anderen begleitenden Pflanzen ihren Platz in den Rabatten finden. Am günstigsten liegen die Beete so, dass sie von der Terrasse aus, unmittelbar am Rand von Gartenwegen oder sogar von den Wohnräumen mit Auge und Nase erlebbar sind.
Wo die einzelnen Beetrosen ihren speziellen Platz in der Anpflanzung finden, hängt von ihnen sowie den (ergänzenden) Partnerpflanzen ab.
Zu bedenken ist zudem: Beetrosen sind keine Schattenpflanzen. Sie dürfen nicht zu stark und zu lange während des Tages beschattet sein, denn sonst lassen Blühwilligkeit und Triebbildung nach. Ein lichter, nur kurzzeitig einwirkender Schatten schadet den Rosen hingegen nicht, im Gegenteil: Die Blüten verblassen oder verblauen nicht so schnell, vornehmlich die gelben oder blutroten Töne.

Der Kontrast der Komplementärfarben wie das Lilablau der Katzenminze (*Nepeta* × *faassenii*) mit der sattgelb getönten Englischen Rose 'Graham Thomas®' wird vom neutralen Gelbgrün des Schleier-Frauenmantels (*Alchemilla mollis*) abgemildert.

Kleinstrauchrosen: vielseitig, pflegeleicht und gesund

Seitdem die ersten bodendeckenden Rosen auf den Markt gekommen sind, wurde diese Gruppe inzwischen von den Züchtern modernisiert und dem eigentlichen Verwendungszweck optimal angepasst. Breitbuschige, blühwillige und nahezu wetterunempfindliche Varianten wie die Sorte 'Gärtnerfreude®' stellen überzeugende Vertreter dieser speziellen Gruppe dar.

Die alte Sorte 'Ballerina', 1937 in England gezüchtet, zählt eigentlich zu den Moschus-Rosen. Da sie indes wesentlich kleiner bleibt als die meisten dieser selten verwendeten Rosengruppe, ordnet man sie heute den Kleinstrauchrosen zu. Sie gilt als eine der besten und blühwilligsten Formen.

Kleinstrauchrosen sind in der Gestaltung vielseitig einsetzbar. Es hängt von den Ausmaßen der Pflanzflächen ab, ob sie einzeln oder in Gruppen gesetzt werden. Die niedrigen Rosen vertragen keine dominanten Partner, die sie unterdrücken. Ergänzende Halbsträucher wie Lavendel, Stauden oder fußhohe Sommerblumen dienen als exzellente, nicht bedrängende Begleiter. Sofern Kleinstrauchrosen mit hohen Zier- und Nadelgehölzen oder auch Großstauden kombiniert werden, verlangen sie nach einem Platz im sonnigen Vordergrund, wo sie noch genügend Luft und Licht bekommen.

DIE GRUPPE DER KLEINSTRAUCHROSEN

Die Bezeichnung Kleinstrauchrosen gilt sowohl für gedrungen wachsende, aber trotzdem mehr aufrecht strebende Rosen als auch für flach ausgebreitete oder niedrige Typen, die man besser als Bodendeckerrosen definiert. Als echte Bodendecker kennzeichnet man alle jene Pflanzen, die mit ihren Trieben oder Zweigen dicht dem Boden aufliegen und mit ihrem üppigen Laub diesen lückenlos abdecken. Hochwachsende Sträucher entsprechen nicht dieser Interpretation, auch dann nicht, wenn sie sehr eng gepflanzt werden, wie das die meisten Autoren empfehlen. Die Folgen sind Mangelerscheinungen, Krankheitsanfälligkeit sowie erschwerte Pflegearbeiten.

Strauchrosen brauchen Platz

Die kapriziöse alte Strauchrosensorte *Rosa centifolia* 'Parviflora' von 1664 bezaubert durch dicht gefüllte, parfümig duftende Blüten – aber nur dann, wenn sie absolut schattenfrei wachsen darf.

Seit langem wird der Begriff Strauchrosen für eine Reihe spezieller Rosen verwendet, obwohl alle Rosen, aus dem botanischen Blickwinkel betrachtet, Sträucher sind, gleichgültig ob sie zu den Teerosen oder zu den Bodendeckerrosen zählen. Die Rosenfachleute verstehen aber unter dieser Bezeichnung alle jene Rosentypen, die normalerweise deutlich größer und breiter werden als die Beetrosen. In einigen Fällen finden sich darunter sogar echte Großsträucher, die über 3 bis 4 m hoch werden können. Zusätzlich wird unterschieden in einmalblühende und öfterblühende Strauchrosen. Zu den Strauchrosen zählen außerdem die bezaubernden Alten Rosen wie Zentifolien oder Damaszener-Rosen, die trotz ihrer weniger spektakulären Farben einen besonderen Charme aufweisen. Ihre altmodischen Blütenformen verbunden mit weit streichendem, angenehmem, süßem Duft sichern ihnen nach wie vor ihren Platz bei Rosenliebhabern.

Alte wie neue Strauchrosen sind im Garten unverzichtbar, wenn es um gemischte Rabatten geht. Niedrige Stauden, halbhohe Blütensträucher, zierliche, in die Rosen kletternde Clematis – alle zusammen ergeben abwechslungsreiche, lang anhaltend blühende Gartenbilder.

Trotz aller Schwärmerei für die Alten Rosen soll der Blick keineswegs vor den Vorzügen der modernen Strauchrosen verstellt werden, deren positive Merkmale entsprechend zu würdigen sind. Das Farbspektrum der modischen Neuen hat sich erheblich erweitert, Wuchsstärke, Blühwilligkeit und zumeist auch eine verbesserte Gesundheit stellen die besonderen Talente der neuesten Strauchrosen dar.

Starkwüchsig und vital zeigt sich die aus dem 20. Jahrhundert stammende Strauchrose 'Elmshorn'. Ähnlich wirkt 'Rosarium Uetersen®'. Sommerastern, Glockenblumen oder Knautien fühlen sich unter ihrem lichten Schirm wohl.

Die legendären Historische Rosen

Moosrosen zählen zu den Historischen Rosen, sie entstanden Mitte des 19. Jahrhunderts. Die Besonderheit der Moosrosen erkennt man in dieser Nahaufnahme: An Kelchblättern wie Blütenstielen entwickelt sich ein borstig-stachelig aussehender, aber moosartig weicher Überzug. Einen besonderen Vorteil hat die Rose davon jedoch nicht. Moosrosen stammen von den Zentifolien ab, bewahrten deren süßen Duft, wachsen aber stärker und aufrechter.

Hinter der Überschrift „Historische Rosen" verbirgt sich eine Vielzahl unterschiedlichster, oft jahrhundertealter Rosengruppen. Nicht selten war es dem Zufall zu verdanken, dass solche Gartenjuwele in Burganlagen, Bauerngärten oder in alten Sammlungen wiederentdeckt wurden. Häufig waren Namen und Herkünfte im Lauf der Zeit in Vergessenheit geraten. Oder umgekehrt: Manche Sorten bekamen zur allgemeinen Verwirrung sogar zwei oder drei verschiedene Bezeichnungen. Die ältesten Formen nennen sich *Alba*-, Damaszener-, *Gallica*-, Zentifolien-Rosen. Hinzu kommen weitere, später entstandene alte Rosengruppen. Zu dieser zweiten Riege zählen etwa die öfterblühenden China-, Moos-, Portland-, Bourbon- und Remontantrosen und auch die Teerosen.

Worüber Rosenliebhaber angesichts Historischer Rosen so ins Schwärmen geraten, sind die nostalgischen, locker aufgebauten bis dichten, pomponartigen Blütenformen mit oft eigenartigen, dennoch bezaubernden Farbschattierungen und der überragende Wohlgeruch. Allerdings ist das Farbspektrum der alten Rosen recht begrenzt. Es gibt, abgesehen von einigen Abweichungen, nur drei Hauptfarben in Variationen: Weiß, Rosa und kaltes Rot, wobei Strahlkraft, Haltbarkeit der Blütenfarbe und Schimmer der Blütenblätter von Sorte zu Sorte wechseln. Im Gegensatz zu manchen neuartigen ausdruckslosen Züchtungen wirken die Rosengestalten vergangener Jahrhunderte zeitlos, elegant und charmant altmodisch.

Trotz aller Bewunderung darf nicht übersehen werden, dass man an alte Rosensorten nicht die gleichen Ansprüche an Wuchskraft, Gesundheit, Pflegeleichtigkeit und endlos lange Blütezeiten stellen darf wie bei den neuen Züchtungen. Jede Sorte der alten Rosen ist für sich ein Ereignis, und will im Garten entsprechend gewürdigt, sorgfältig gepflegt und mit Bedacht gepflanzt werden. Deshalb sollen sich die Begleitpflanzen ihnen unterordnen, ihnen keineswegs Konkurrenz bereiten, sondern dazu beitragen, ihre Einmaligkeit zu unterstreichen. Im Gegensatz zu den Beetrosen wollen Historische Rosen nicht in Massen gepflanzt werden, sondern einzeln oder in kleinen Gruppen, zusammen mit duftenden Stauden und aromatischen Halbsträuchern wie Lavendel. Immergrüne Sträucher wie der Buchsbaum geben die neutrale Fassung für diese Gartenjuwele.

Eine der eindruckvollsten Historischen Rosen stellt 'Empress Josephine' dar. Herkunft und Entstehungszeit sind unbekannt. Die Sorte ist dicht buschig und breitwüchsig, an den nahezu stachellosen, biegsamen Zweigen drängen sich prächtige, halb bis voll gefüllte Blüten. Die welligen Blütenblätter schimmern seidig in allen rosaroten Schattierungen und lassen eine mauvefarbene bis karminrote Äderung erkennen. Der Duft ist leider nur schwach ausgeprägt.

Wildrosen – nur für große Gärten geeignet

Wildrosen als ungebändigte Sträucher aus der Natur, verfügen über ganz andere Erscheinungsformen und Verhaltensweisen als die alten und neuen Rosensorten. Wildrosen blühen nur einmal an wenigen Tagen Ende Mai, im Juni oder Juli. Ab September produzieren sie zierende Hagebutten, die meist von einer auffälligen gelben bis orangegelben Herbstfärbung begleitet werden. Hagebutten sind zwar verwertbar, aber deren Qualität für die Küche ist unterschiedlich. Wildrosen eignen sich für Grenzpflanzungen, frei wachsende Hecken und Naturgärten sowie als Wildobst. Häufig wachsen sie breit ausladend mit übergeneigten Zweigen, weshalb sie genügend Platz benötigen. Etliche Wildrosen zeichnen sich durch eine ungehemmte Ausläuferbildung aus, die nicht zu bremsen ist. Im Garten können sie damit recht lästig werden, nicht hingegen in der freien Landschaft, wo dies häufig erwünscht ist.

Die Japanischen Kartoffel-Rose (*Rosa rugosa*) beeindruckt im Herbst mit riesigen, roten, dickfleischigen Hagebutten.

Nicht immer färben sich Hagebutten rot. Diese sind bei der Bibernell-Rose erst purpur, später glänzend schwarz getönt.

Links: Rosa multiflora, die Japanische Vielblütige Rose, kommt in der Natur meist am Rand von Birkenwäldern vor. Diese breitwüchsige, blühfreudige und fast stachellose Wildrose ist Ahnfrau zahlreicher Kletter- und Beetrosensorten. Die Blütenbüschel strömen einen eigenartigen Duft aus. Im Herbst ist der Strauch mit hübschen, erbsengroßen, orangeroten Hagebutten übersät.

Romantische Lauben und Rosenbögen

Es gibt kaum etwas Schöneres, als gitterförmige Pergolen und transparente Pavillonbauten mit Rosen zu beranken. Hochwertige Materialien als tragendes Medium sollten den edlen Rosen eine ebenbürtige Stütze geben. Konstruktive Festigkeit und Leichtigkeit der Rosengirlanden erzielen unvergleichliche graphische Effekte. Rosen klettern leider nicht selbstständig, deshalb sind die Triebe an den Stützen sorgsam zu verankern. Aber nicht zu fest, da die Zweige durch enges Anbinden eingeschnürt würden.

Die rosa blühenden, aus Frankreich stammenden alten Rambler-Rosen 'Paul Transon' (links) und die berühmte Sorte 'Albertine' (Mitte) eignen sich bestens, filigrane Klettergerüste zu bekleiden. Beide sind starkwüchsig, einmalblühend und angenehm duftend.

Spaliere sollten nicht nur als unscheinbare Steigbügelhalter für Kletterrosen dienen. Im Gegenteil, mit auffälliger Lackierung können sie die Farben der Rosen expressiv steigern. Schwarz als Kontrast verstärkt die Wirkung, etwa das leuchtende Rot der öfterblühenden Sorte 'Allen Chandler', bis aufs Äußerste.

Kletterrosen präsentieren sich oftmals mit Eleganz und üppigem Blütenbesatz. Deshalb sollten Rosenbögen nicht zu plump und massiv aussehen, andernfalls würden sie die Blütenkaskaden in deren Attraktivität mindern. Historische Kletterhilfen zeigen trotz aller notwendigen Standfestigkeit eine Leichtigkeit in der Erscheinung, die unnachahmlich wirkt. Stilvolle Metallgitter und -bögen erfüllen ihre Aufgabe zuverlässiger als Balken- oder Plastikgerüste. Wohl gibt es dekorative Holzbauweisen, vor allem, wenn sie auffällig übermalt sind. Aber Holz verwittert eher und ist längst nicht so haltbar wie Stahl.

Die starkwüchsige, einmalblühende Rambler-Rose 'Ile de France' ist für Bögen aller Art bestens geeignet. Die halb gefüllten, intensiv karminrosa getönten Blüten mit weißer Mitte weisen eine einmalige Fernwirkung auf. Ein zarter Duft unterstreicht die Schönheit dieser ungewöhnlich reichblühenden, alten, französischen Kletterrose.

Kletterrosen sind nicht gleich Kletterrosen

An einer geschützten Hauswand kann die altertümliche, im 19. Jahrhundert gezüchtete Boursault-Rose 'Mme de Sancy de Parabère' dank weit ausgreifender bogenförmiger Zweige 5 m breit und 3 m hoch werden. Sie ist einmalblühend und duftet kaum. Ähnlich wird 'Albertine' gezogen.

Links: In unübertroffener Vitalität feiert die robuste und stark wachsende Kletterrose 'Dortmund®' ihr 50-jähriges Jubiläum. An kräftigen Trieben sitzen dicht an dicht die halb gefüllten, brillantroten Schalenblüten, die ein weißes Auge erkennen lassen.

Man kennt etliche Gruppen mit unterschiedlicher Eignung zum Begrünen von Hauswänden, Gartenmauern und Spalieren. Zum einen gibt es die historischen Kletterrosen mit klassisch geformten duftenden Blüten. Dann sind zu nennen die Rambler-Rosen, die nicht ganz korrekt Rank-Rosen genannt werden, denn Rosen sind keine Rankpflanzen wie Wein oder Clematis. Stattdessen müssen Kletterrosen grundsätzlich an Gerüsten angebunden werden. Weiter unterscheidet man einmalblühende, meist recht robuste und starkwüchsige Kletterrosen und außerdem die modernen, öfterblühenden, farbprächtigen Sorten. Schließlich gibt es von Beet- und Edelrosen kletternde Typen, die jedoch meist mit ihrer Wuchsleistung hinter der aller übrigen zurückbleiben.

Man erzielt bei allen Formen eine reichliche Blüte, wenn man Kletterrosen an Wänden nicht senkrecht nach oben führt, sondern breit bogenförmig oder fächerartig an den Spalieren anbringt. Dank des übergeneigten oder breit gezogenen Wuchses bilden sich unzählige Seitenzweige, die büschelweise Blüten ansetzen.

Sollen die Kletterrosen an Stützen oder auch an Baumstämmen klettern, empfiehlt es sich, die Triebe vor der Laubausbildung im Frühjahr – damit die neuen Knospen nicht abbrechen – spiralförmig um die Pfeiler herumzuwinden. Auch mit dieser Methode werden zahllose Seitenzweige mit verschwenderischem Blütenbesatz angelegt.

Die Frage, an welcher Hausseite die Kletterrosen am besten wachsen, lässt sich nicht schlüssig beantworten. Allgemein wird empfohlen, die Rosen an die sonnigsten Wände zu setzen, aber die Gefahr, dass es für sie im Sommer zu heiß und zu trocken wird, darf nicht übersehen werden. Außerdem verbleichen oder verblauen in der prallen Sonne an vielen Sorten die Blütenfarben. Manche Rosenliebhaber pflanzen deshalb ihre Favoriten an die Ost- oder sogar an die Nordseite. Das ist möglich, sofern das Dach nicht zu weit beschattend vorragt. Der Vorteil ist, die Rosen leiden nicht so unter Hitze und Trockenheit, die Farben bleiben konstant, der Nachteil, der Blütenansatz fällt weniger üppig aus.

An der Ostseite einer Schlossmauer entstand ein traumhaftes Bild aus der Kombination der kletternden, rosafarbenen 'Mme Gregoire Staechlin', der hellapricot getönten 'Alchymist' mit der mattblauen Clematis-Sorte 'Mrs Cholmondeley' sowie dem lichtblauen *Pacific*-Rittersporn 'Blue Bird'.

Die halb gefüllte Sorte 'Lawrence Johnston' (ähnlich wirkt *Rosa* × *pimpinellifolia* 'Frühlingsgold') wächst an begünstigten Plätzen außerordentlich stark und blüht bereits im Spätfrühling. Ihre hellgelben, etwas flattrigen Blüten duften angenehm.

Innenhöfe, Atrium und Zäune

In großen Höfen lassen sich nicht nur stattlich wachsende Strauchrosen wie 'Mrs Anthony Waterer' verwenden, ein angenehm duftender Abkömmling von *Rosa rugosa*, sondern obendrein an den Wänden verschwenderisch blühende Kletterrosen, wie die ebenfalls duftende hellrosa Sorte 'Blush Rambler'.

In windgeschützter Innenhoflage beweist die stark kletternde Form der alten Teehybride 'Mme Caroline Testout', wozu sie fähig ist. Große, voll gefüllte und berauschend duftende Blüten in schimmerndem Satinrosa umrahmen das nordwestlich blickende Fenster eines Esszimmers.

Wohl wird versucht, dem Publikum einzureden, dass es für Innenhöfe spezieller Rosensorten bedarf. Das ist natürlich nicht der Fall, was aber keineswegs gegen die Verwendung von Rosen in einem Atrium spricht. Für diesen Zweck lassen sich gewiss einige Empfehlungen für geeignete Sorten nennen. Dies betrifft zunächst die Berücksichtigung der anders gearteten Wuchsbedingungen in einem abgeschlossenen Geviert und dann die Anforderungen an das Äußere der auszusuchenden Rosen.

Innenhöfe sind wegen ihrer Abgeschlossenheit oftmals besonders heiß und trocken, vor allem dann, wenn große Flächen gepflastert sind. Ein entsprechender wasserspeichernder kräftiger Boden ist erste Voraussetzung dafür, dass die Rosen sich halten können, abgesehen vom regelmäßigen Bewässern. Die Südwest orientierte Ecke im Hof verlangt den Rosen einiges an Trockenheitsverträglichkeit ab, außerdem bewirkt die dort lang anhaltende Sonneneinstrahlung ein deutliches Ausbleichen der Blütenfarben sowie ein schnelleres Verwelken des Flors. Deshalb ist es sinnvoll, die Rosen so zu setzen, dass zumindest für einige Stunden ein lichter Schatten über sie hinwegwandert. Die Abgeschlossenheit hat aber den Vorteil, dass der süße Rosenduft nicht vom Wind davongetragen wird. Das heißt, bei der Auswahl der Sorten ist darauf zu achten, ob sie intensiven Wohlgeruch

Eine der dankbarsten Kletterrosen ist die unvergleichliche Sorte 'New Dawn'. Die locker gefüllten, silbrig rosafarbenen Blüten duften angenehm, sie öffnen sich den ganzen Sommer bis spät in den Herbst. Die elastischen Triebe lassen sich gut in Zäune oder Geländer flechten. Zwar ist diese robuste Rose nahezu universell zu gebrauchen, aber ihre meterlangen Triebe müssen regelmäßig befestigt werden.

ausströmen. Außerdem ist zu berücksichtigen: Je mehr der Pflanzplatz im Licht liegt, um so kräftiger sollten die Blütenfarben sein. Je mehr sich die Rosen zeitweise im lichten Schatten befinden, desto heller, da auffälliger, sollte der Blütenfarbton sein. Rosen für Innenhöfe müssen keine bestimmte Wuchshöhe aufweisen. Die Größe der Sträucher richtet sich allein nach den Dimensionen des Hofes, dem verfügbaren Platz, der für die Aktivitäten im Atrium frei bleiben soll, damit die Rosen nicht stören, und nach der Anzahl der zusätzlich begleitenden Pflanzen oder sonstigen Ausstattungen wie Quellsteine, Sitzgelegenheiten oder Sonnenschirme.

Unten: Selten blühen Rambler-Rosen gelb. Die Sorte 'Goldfinch' ist eine der wenigen Ausnahmen. Wie viele andere Rambler-Rosen mit stachellosen Zweigen auch ist sie für einen überhängenden Wuchs an Gartenzäunen sehr zu empfehlen, da sich Vorbeigehende nicht verletzen können. 'Goldfinch' ändert je nach Sonneneinstrahlung die Blütenfarbe: Im lichten Schatten zeigt sich ein zartes Primelgelb, das sich während des Aufblühens zu Cremegelb aufhellt, in sonniger Lage sind die Blütenbüschel weiß.

Rosenromantik am Sitzplatz

Seit Jahrhunderten sind Rosenlauben als romantische Sitzplätze beliebt. Heute sind sie etwas außer Mode gekommen, da es doch einige Handarbeit abverlangt, nischenartige Klettergestelle mit Rosen zu überwölben. Hauptsächlich stark wachsende Kletterrosen erfordern ein sorgsames Auslichten der älteren, nicht mehr so reichlich blühenden Zweige. Im Spätsommer, sofern die Triebbildung abgeschlossen ist, müssen die neuen Zweige Stück für Stück an den Konstruktionen angebunden und eingeflochten werden. Im Gegensatz zu früher stehen heutzutage dafür moderne öfterblühende Kletterrosen zur Verfügung, obwohl die älteren einmalblühenden Sorten noch immer solchen Plätzen ein einzigartiges Flair verleihen. Direkt nach Süden orientierte Lauben sind weniger günstig, da man dort von der Sonne geblendet wird. Sonnenschirme verhaken sich erfahrungsgemäß in den Rosengirlanden. Besser sind die nach Osten oder Westen gerichteten Sitznischen.

Wenn man es nicht ganz so kompliziert mag, genügen auch halbhohe bis hohe Rosensträucher am Rand einer Terrasse, die ein Raumgefühl vermitteln können. Aber es muss für die Gartenmöbel genügend Fläche übrig bleiben, sonst verheddert man sich jedes Mal beim Aufstehen, beim Aufstellen von Gartenmöbeln oder während der Gartenparty. Zum Unterschied zu Rosenbeeten bietet sich hier die beste Gelegenheit, erlesene Rosensorten für diese besonderen Plätze auszuwählen. Man wähle reich- und öfterblühende, duftende und, wenn möglich, nicht so ausgeprägt stachelige Sorten.

Die duftenden, rosafarbenen Schalenblüten mit weißem Auge der alten Kletterrose 'Kew Rambler' wetteifern mit dem hellen Satinrosa der Clematis-Sorte 'Hagley Hybrid'.

Links: Als problemlose Kletterrose zum Eingrünen von Sitznischen erweist sich die robuste, harte Sorte 'Flammentanz', deren sommerliche Fülle feurig roter Blüten weithin leuchtet. Ähnlich wirken 'Santana®', 'Naheglut®' oder 'Tradition 95®'.

Zum Rosenadel zählt sicherlich die uralte Portland-Rose 'Mme Boll', eine der schönsten Sorte aus dieser speziellen Gruppe. Die dicht gefüllten, rosa getönten Blütenkugeln zeigen hellere Schattierungen mit lila Nuancen. Ein überwältigender, schwerer Duft zeichnet diese prunkvolle Sorte aus, die kaum höher als 1 m wird. Somit ist sie für kleinere Sitzplätze wie Terrassen empfehlenswert, vor allem, weil sie öfter blüht.

Blickpunkte schaffen: Rosen in Kübeln

Rosen in Töpfen zu ziehen, ist wohl möglich, aber wie viele andere Kübelpflanzen gehen sie zugrunde, wenn sie nicht ausreichend gegossen werden. Tägliches Gießen ist obligatorisch, im Hochsommer sowohl am Morgen als auch am Abend. Am besten ist es, wenn man Kübelpflanzen in einen größeren Untersetzer stellt, sodass ein breiter Rand zwischen Topf und Untersatz von 3 bis 5 cm offen bleibt, in den man das Gießwasser im wahrsten Sinne randvoll einfüllt. Anfänglich gießt man von oben in den Kübel. Bei Rosen in Kübeln empfiehlt es sich, das Wasser aus den Untersetzern, wenn es länger gestanden ist, zu entfernen. Pflanzen wie die abgebildete Strauchmalve (*Lavatera* 'Rosea') holen sich das, was sie an Wasser brauchen, wenn sie einmal richtig eingewurzelt sind. Man wird überrascht sein, zu welchen Säufern sich die Kübelpflanzen entwickeln. Auch wenn es geregnet hat, muss gegossen werden. Man überschätzt meist die Regenmenge, die in die Töpfe eingesickert ist. Bei der Auswahl der Behälter achte man auf eine breite Bodenfläche, denn die bepflanzten Terrakotten, Schalen oder auch Bottiche sind standfester, wenn die Gefäße nicht zu spitz nach unten zulaufen. Sie kippen dann nicht gleich beim nächsten Windstoß um. Bauchige Pflanzgefäße sind immer schwierig, wenn man die zu groß gewordenen Pflanzen in einen größeren Behälter umsetzen möchte, damit sie wieder mehr Wurzelvolumen erhalten. Aus enghalsigen, gewölbten Töpfen bekommt man die Pflanzen kaum noch heraus, oftmals gehen entweder die Pflanzen oder die Töpfe kaputt.
Günstig sind zylindrische, leicht konisch nach unten verengte Gefäße, innen mit einem zusätzlichen dünnen Innentopf aus Plastik.

Hier veranstalten einige Rosensorten in den Terrakotten, unterstützt von *Lavatera* 'Rosea', der karminrosa Buschmalve, ein prächtiges Schauspiel. Links im konischen Topf öffnet die robuste Beetrose 'Bonica® 82' ihren rosa Flor, in den quadratischen, standfesten Gefäßen mit Untersetzer nahe des Geländers recken sich die Hochstämme der klassischen Sorte 'Ballerina' empor. Bei Rosenstämmen in Kübeln ist die Stabilität von großer Bedeutung, denn das Stämmchen wirkt sich wie ein Hebel aus, den ein kräftiger Windstoß schnell umlegt. Deshalb muss der Platz für Terrakotten sorgfältig gewählt werden, denn in exponierten Lagen kugeln die bruchgefährdeten Tontöpfe bei Sturm wild durcheinander.

Zwei Protagonisten verschiedener Rosengruppen ergänzen sich mit den Begleitstauden zu einem fantastischen klassischen Farbdreiklang in Gelb, Blau und Weiß. Die exzellente gelbe, zart duftende Englische Rose 'Graham Thomas®' und die weiß blühende Remontantrose 'Frau Karl Druschki' sind umgeben von einem Reigen der weißen und lilablauen Pfirsichblättrigen Glockenblume (*Campanula persicifolia*), dazu gesellen sich der silbrigblättrige Wollige Ziest (*Stachys byzantina*), Japanische Wermut (*Artemisia stelleriana* 'Broughton Silver') im Vordergrund und dahinter tief violetter Lavendel.

WINTERSCHUTZ VON KÜBELROSEN

Auch Rosen in Pflanzgefäßen auf Balkon oder Terrasse können im Freien überwintert werden. Sie sind aber bei Frost noch mehr als die Pflanzen im Garten von Austrocknung durch die Sonne gefährdet. Am besten bringen Sie die Kübel deshalb an einen geschützten, aber hellen Ort. Schon im Schatten einer Wand, wo die Pflanzen nicht direkt der Sonne ausgeliefert sind, verringert sich die Einwirkung des Frostes. Auch ein Carport ist zum Beispiel ideal für die Überwinterung solcher Rosen geeignet. Umwickeln Sie außerdem den Topf mit Kokosfasermatten oder Noppenfolie, damit der Frost nicht zu stark eindringen kann. Zum Schutz der Triebe können Sie die Pflanze mit Komposterde anhäufeln und die Oberfläche zusätzlich mit etwas Laub abdecken. Bedenken Sie, dass die Kübel auch im Winter austrocknen können. Kontrollieren Sie deshalb von Zeit zu Zeit die Feuchtigkeit und gießen Sie, wenn nötig, bei frostfreiem Wetter.

Rosen und ihre Begleiter

Gelbe Kletterrosen, wie zum Beispiel 'Golden Gate®', passen sehr gut zu Backsteinwänden.

Zwei, die sich mögen: Sommerblumen und Rosen

Die südafrikanische Kapaster, auch Felicie nach ihrer botanischen Bezeichnung *Felicia amelloides* genannt, passt zu jeder Rosenfarbe. Sie blüht unermüdlich vom Sommer bis in den Herbst, bei kühlem Wetter eher spärlich, an warmen Plätzen aber sonst üppig wie die Rosen. Ein unschlagbares Duo sind die rein blauen, mit gelbem Auge blinzelnden Margaritenblüten mit gleichermaßen gelb getönten Rosen wie 'Teasing Georgia®'. Eigentlich sind die Kapastern nicht winterharte Kleinsträucher, die man ab Oktober in den Wintergarten hereinnehmen kann.

Wir erleben augenblicklich eine Art Renaissance der Sommerblumen. Unter Sommerblumen versteht man nicht nur die echten einjährigen Pflanzen (wie Zinnien), man rechnet ebenso die Zweijährigen dazu, wie die Bart-Nelken, und außerdem die tropischen Sträucher und Stauden, die sich in ihren südlichen Heimatländern als mehrjährig präsentieren, sich bei uns aber wegen der Winterfröste zwangsweise einjährig verhalten wie die Lobelien. Sommerblumen sind vollwertige Partner zu Rosen. Bis auf einige wenige blühen sie gleichzeitig mit den Rosen ab Juni bis weit in den Herbst. Empfehlenswert sind sie alle, da sie wie die Rosen sonnige Plätze bevorzugen. Sommerblumen dürfen erst nach den letzten Maifrösten gesetzt werden.

Stark duftende Busch-Levkojen (*Matthiola incana*) blühen den ganzen Sommer lang parallel zu der als Hochstamm gezogenen Kleinstrauchrose 'Palmengarten Frankfurt®'. Die Levkojen können sogar zusammen mit Rosenstämmen in Kübel gepflanzt werden. Da diese Sommerblumen mit den Rosen identische Ansprüche haben, vertragen sie sich recht gut. Allerdings kippen die Blumen bei zu starken Düngergaben um.

Neue Marien-Glockenblumen (*Campanula medium*), die zweijährig sind, müssen ab August zu den Rosen gepflanzt werden, damit sie im Folgejahr gleichzeitig mit dem ersten Rosenflor, zum Beispiel der Beetrose 'Bad Wörishofen 2005®', ihre blauen, rosafarbenen und weißen Blütentürme emporrecken können.

Unten: In hellen Schattenlagen kann man Rosen sogar mit dem zweijährigen Fingerhut, eine Waldrandpflanze, ergänzen. Der Fingerhut sät sich reichlich aus, seine variierenden rosa-cremegelben Farbtöne geben der lang blühenden Moschus-Rose 'Penelope' den letzten Schliff.

EMPFEHLENSWERTE SOMMERBLUMEN (AUSWAHL) ZU ROSEN

Botanischer Name	Deutscher Name	Hauptfarben
Ageratum houstonianum	Leberbalsam	blau, weiß
Antirrhinum majus	Löwenmaul	rot, orange, gelb, weiß
Canna indica	Indisches Blumenrohr	rot, orange, gelb
Cosmos bipinnatus	Kosmee	karminrot, rosa, weiß
Cosmos sulphureus	Schmuckkörbchen	orange, gelb
Dianthus barbatus	Bart-Nelke	schwarzrot, rot, rosa
Matthiola incana	Levkojen	karmin, rot, rosa, weiß
Nicotiana alata	Zier-Tabak	rot, rosa, weiß, grün
Osteospermum ecklonis	Kapkörbchen	karmin, orange, apricot
Rudbeckia hirta	Sonnenhut	orange, gelb
Salvia farinacea	Ähriger Salbei	blau, weiß
Solenostemon (= *Coleus*) *scutellarioides*	Buntnessel	Laub in vielen Farben
Tagetes-Sorten	Studentenblume	braunrot, orange, gelb
Torenia fournieri	Torenie	blau, weiß
Verbena canadensis	Verbene	lila
Zinnia angustifolia	Zinnie	rot, orange, gelb, rosa

Stauden, die sich den Rosen unterordnen

Silbrig belaubte Stauden sind die ganze Vegetationsperiode wirksam, sie ergänzen jede Blütenfarbe der Rosen aufs Beste. Das Paar Wolliger Ziest (*Stachys byzantina*) und die bewährte reichblühende Beetrose 'The Fairy' mit ihren winzigen, aber gefüllten kugeligen Blüten beweisen es.

NIEDRIGE STAUDEN ALS VOR- UND UNTERPFLANZUNG ZU GRÖSSEREN ROSEN (AUSWAHL)

Botanischer Name	Deutscher Name	Hauptfarben
Alchemilla mollis u. a.	Frauenmantel	grüngelb
Aquilegia-Sorten	Akelei	bunt
Aster-Dumosus-Gruppe	Kissen-Aster	lila, violett, rosa
Campanula glomerata	Knäuel-Glockenblume	violettblau
Centranthus ruber	Spornblume	rosa, weiß
Erigeron-Sorten	Feinstrahlaster	blauviolett, rosa, lila
Geranium-Arten, -Sorten	Storchschnabel	karmin, rosa, blau
Gypsophila-Sorten	Schleierkraut	weiß
Heuchera-Sorten	Purpurglöckchen	braunschwarzes Laub
Nepeta × *faassenii*	Katzenminze	lila
Rudbeckia 'Goldsturm'	Sonnenhut	gelb
Salvia-Nemorosa-Sorten	Hain-Salbei	violett, blau
Saponaria × *lempergii*	Seifenkraut	rosa
Sedum 'Herbstfreude'	Große Fetthenne	rostrot
Stachys byzanthina	Wolliger Ziest	silbriges Laub

Stauden und Rosen – seit der Zeit der Küchengärten im 19. Jahrhundert Partner in Blütenfarben und Gestaltschönheiten, sind unendlich in ihren Variationsmöglichkeiten. Indes nicht alles passt unbesehen zusammen, ohne die Ansprüche beider zu analysieren, geht es nicht. Selbstverständlich müssen sie übereinstimmen. Wer gibt den Ton an? Einmal sind es die Stauden, ein andermal sind es die Rosen: Erlesene Strauch-, Hochstamm- und Beetrosen erlauben den Stauden allenfalls, sich farblich einzufügen und die Blütenpracht zu ergänzen. Niedrige Stauden dienen dazu, die Rosen in Blütezeit und Farbpalette zu vervollständigen.

Weiß blühende Stauden, wie die großblumigen Margeriten aus der *Leucanthemum-Superbum*-Gruppe, trennen schwierige Farben, nehmen grellen Pigmenten das Aufdringliche und verbinden sich mit den Rosen zu einem bunten Sommerstrauß. Vorne in Rosa die Beetrose 'Schöne Dortmunderin®'. Es empfiehlt sich, nicht nur eine dieser Stauden zu setzen, sondern sie in größeren Gruppen, mindestens zu fünft bis siebt. Dann wirkt das Weiß nicht so verloren zwischen den intensiv gefärbten Rosen. Das Gleiche gilt ebenso für *Aster* 'Schneekissen' (Aster), *Centranthus ruber* 'Albus' (Spornblume), *Echinacea purpurea* 'White Lustre' (Sonnenhut), *Erigeron* 'Sommerneuschnee' (Feinstrahlaster), *Gypsophila repens* (Teppich-Schleierkraut) und *Nepeta* × *faassenii* 'Snowflake' (Katzenminze).

Obschon in die Jahre gekommen, zeigt sich die Strauchrose 'Ballerina', ermuntert durch die heftige Farbe des niedrig bleibenden, magentaroten Storchschnabels, frisch und lebendig wie eh und je. Speziell die lang anhaltend blühenden *Geranium*-Typen sind als Gesellschaft zu den Rosen unverzichtbar. Günstig ist es, beim Sommerschnitt der Rosen die Storchschnabelsorten gleich mitzuschneiden.

Die makellos blaue *Geranium*-Hybride 'Brookside' (Storchschnabel) untermalt das Farbspiel der Strauchrose 'Morgenröte'. Ähnliche gut geeignete Storchschnabel-Sorten aus dem Riesensortiment sind beispielsweise die lebhaft blauen, blauvioletten und weißlich blauen *Geranium himalayense* 'Gravetye', 'Irish Blue', 'Johnson's Blue und *G.* × *magnificum*, G. 'Terre Franche'.

Gleichberechtigtes Traumpaar: Rosen und Stauden

Kleinstrauchrosen, als Bodendecker verwendet, wie die halb gefüllte karminrosa getönte Sorte 'Heidetraum®' vertragen sich gut mit ähnlich einzusetzenden flächig wachsenden Stauden, etwa mit dem Schleier-Frauenmantel (*Alchemilla mollis*).

Rosen und Stauden gleichberechtigt miteinander oder nebeneinander in einem Beet? Geht das? Es funktioniert immer, sofern die gegenseitigen Ansprüche beachtet werden. Ziemlich einfallslos ist es, wenn sich Beet- oder Edelrosen mit nur einer einzigen Sorte in großflächigen Fladen chancenlos in ermüdender Monotonie präsentieren müssen. Was verschenkt man nicht alles! Farbkontraste, Wechselspiele von Blatt- und Wuchsformen, die Abfolgen von Aufblühen und Vollblüte.

Wichtig ist, dass nicht zu viele verschiedene Pflanzen vereint werden. Das wirkt zu unruhig, das Auge wird überreizt, es lebt vom Wiedererkennungseffekt. Somit lohnt es sich, höchstens acht bis zehn verschiedene Typen in unregelmäßigen Wiederholungen zu verwenden. Unterschiedlich große und kleine Gemeinschaften erzeugen Spannung, keine Pflanze sollte einzeln herumstehen. Wie in einem Blumenstrauß dürfen drei, fünf oder gar sieben beisammen sein.

Im Vordergrund setze man die niedrigsten Stauden oder auch Rosen, zur Beetmitte hin die etwas höheren und im Hintergrund die größten Rosen und Stauden. Dadurch entsteht eine schräge Ansichtfläche, diese pultförmige Anordnung ergibt eine bessere Übersicht. Im Vordergrund müssen entweder öfterblühende niedrige Rosen sitzen, die mit gesundem Laub bis weit in den Herbst Blüte für Blüte öffnen. Oder man verwen-

Ein dezenter Dreiklang vereint die pastellrosa *Moschata*-Hybride 'Felicia' mit der duftig weißen Spornblume (*Centranthus ruber* 'Albus') und dem gelbgrün belaubten Mutterkraut (*Tanacetum parthenium*).

EMPFEHLENSWERTE STAUDEN ALS GLEICHBERECHTIGTE PARTNER ZU ROSEN (AUSWAHL)

Botanischer Name	Deutscher Name	Hauptfarben
Alchemilla mollis u. a.	Frauenmantel	grüngelb
Aquilegia-Sorten	Akelei	bunt
Aster novi-belgii	Glattblatt-Aster	blau, lila, rosa, karmin
Campanula persicifolia	Glockenblume	blau, weiß
Centranthus ruber	Spornblume	rosa, weiß
Coreopsis verticillata	Mädchenauge	gelb
Delphinium-Sorten	Rittersporn	blau, violett, weiß
Erigeron-Sorten	Feinstrahlaster	blauviolett, rosa, lila
Gaura lindheimeri	Prachtkerze	weißlich rosa
Gypsophila paniculata	Gipskraut	weiß
Helenium-Sorten	Sonnenbraut	gelb, braunrot
Heliopsis-Sorten	Sonnenauge	gelb
Hemerocallis-Sorten	Taglilien	bunt
Kniphofia-Sorten	Fackellilie	orange, gelb
Monarda-Sorten	Indianernessel	purpur, rosa, lila
Nepeta 'Six Hills Giant'	Katzenminze	lila
Penstemon-Sorten	Bartfaden	weiß, rosa, blau
Phlox-Paniculata-Sorten	Flammenblume	karmin, rosa, lila, weiß
Rudbeckia 'Goldsturm'	Sonnenhut	gelb
Salvia nemorosa	Hain-Salbei	violett, blau
Sedum telephium	Große Fetthenne	rostrot
Veronica longifolia	Hoher Ehrenpreis	blau, weiß

Öfterblühende Rosen wie die Remontantrose 'Mrs John Laing' und die Flammenblume (*Phlox paniculata* 'Kirmesländler') sind zwar ungleiche Geschwister des Gartensommers, dennoch ergänzen sie sich zu einem harmonischen Duett in Farbe und Düften.

det die im Spätsommer blühenden Stauden, denn je später diese blühen, desto länger sind sie belaubt und sehen gut aus. Viele Stauden, die im Frühsommer blühen, ziehen unmittelbar nach der Blüte ein und hinterlassen Löcher in einer Pflanzung. Solche frühzeitig vergilbenden Stauden wie den Garten-Mohn (*Papaver*) fügt man in den Beetmittelgrund mit kleiner Stückzahl ein, damit die anderen Spättreibenden die auftretenden Löcher in der Pflanzung überspielen.

Die Beetrose 'Parco' (ähnlich wirkt die Strauchrose 'Bonanza®') wechselt sich in gelben und orangefarbenen Tönungen ab, die von den Fackellilien 'Bressingham Flame' und den kleinblütigen *Hemerocallis* 'Corky' (Taglilien) wiederholt werden.

Wenn sich die Rose unterordnet

Bei einer Gemeinschaft von Rosen mit Stauden geht man fraglos davon aus, dass die Rosen die erste Geige spielen. Dennoch ist es denkbar, dass ab und zu Prachtstauden den Ton angeben und Rosen sich unterordnen müssen. Staudengiganten wie das Riesenschleierkraut (*Crambe cordifolia*), der Purpur-Dost (*Eupatorium maculatum*), oder auch Rittersporne wie der 2 m große 'Lanzenträger' wollen von Gleichberechtigung nichts wissen. Also sind die niedrigeren Rosen gezwungen, sich farblich an die hohen Stauden anzugleichen.

Blütentürme der *Delphinium-Pacific*-Sorte 'Fanfare' schauen auf die Historische Rose 'Gabriel Noyelle' herab. Im Hintergrund der cremegelbe Rambler 'Goldfinch'.

Rosen mit Zwiebelblumen

Solange Rosen noch nicht ausgetrieben haben, zerfetzen Windbewegungen die Blütenstiele von Tulpen, Narzissen oder Kaiserkronen an den Stacheln der Rosenzweige. Erst das voll entwickelte Laub der Rosen schützt Stängel und Blüten der Zwiebel- und Knollenpflanzen. Dann haben all die sommerblühenden Kaplilien, echte Lilien, Lilienschweife, Holländischen Zwiebel-Iris, Hakenlilien und Montbretien eine Chance, sich nicht zu zerkratzen.

Zwischen der kleinen 'Ballerina' (vorn), hochragenden Kletterrosen 'Pink Perpetué' und der Tee-Hybride 'Savoy Hotel®' recken sich die Blütenschäfte der Königs-Lilie (*Lilium regale*) empor.

Rosen und Gräser? Ein ewiger Anlass zu Missverständnissen

Wuchernde Grasschöpfe von Seggen, Hainsimsen, Zwenken und Binsen aus Sumpf, Moor und Wald vertragen sich nicht mit den edlen Rosengestalten. Sie gehören in die Naturgärten zu Wildrosen, -sträuchern und -stauden.

Steppengräser und Besiedler von Trockenrasen mögen das Düngen und Wässern bei den Rosen nicht, sie degenerieren und fallen auseinander. Dichte und gigantische Riesengräser wie das Chinaschilf (*Miscanthus floridulus*) oder das mächtige Pampasgras (*Cortaderia selloana*), ganz zu schweigen von den aggressiven Bambusgräsern, verdrängen im Lauf der Zeit alles um sich herum. Somit bleiben nur wenige Varianten als Rosennachbarn übrig. Gräser als Bodendecker zwischen den Rosen empfehlen sich ebenso wenig, da sie beim Anhäufeln oder Abdecken nur stören. Einige transparente Gräserhorste gibt es jedoch, die zwischen den Rosen und sonstigen Begleitstauden graphische Effekte zaubern. Man setze sie stets in kleinen Gruppen zwischen die Rosen.

EMPFEHLENSWERTE GRÄSER ZU ROSEN

Botanischer Name	Deutscher Name	Blattfarben
Calamagrostis 'Overdam'	Weißes Reitgras	weißbunt
Festuca mairei	Atlas-Schwingel	graugrün
Helictotrichon sempervirens	Blaustrahlhafer	blaugrün
Miscanthus 'Gracillimus'	Kleines Chinaschilf	grün
Panicum-Virgatum-Sorten	Zier-Hirse	rotbraun
Pennisetum 'Hameln'	Lampenputzergras	graugrün

'The Yeoman', eine Englische Rose in Apricotrosa, entwickelt einen parfümartigen Duft, die rote Floribunda-Rose 'Rosemary Rose' steht dem kaum nach. Zwischen den rosa Elfenspornen (*Diascia* 'Ruby Field') spitzen einige Blau-Schwingel (*Festuca glauca*) hervor. Die Gräser dürfen zwar blühen, sollten jedoch keinen Samen ansetzen, damit sie sich nicht ausbreiten.

Einige Horste des Blaustrahlhafers (*Helictotrichon sempervirens*) überragen mit ihren Halm-Ähren rote Beetrosen (empfehlenswert sind zum Beispiel 'Eliza®', 'Alexander®' und 'Red Leonardo da Vinci®'), den leuchtend blauen Bartfaden (*Penstemon* 'Blue Springs') und im Vordergrund die braunroten Fetthennen (*Sedum* 'Matrona').

Lavendel, Salbei und Co.

Goldgelbe Rosen, wie zum Beispiel 'Clementine®', und der stark aromatische spanische Schopf-Lavendel sind eine dufte Mischung für Auge und Nase. Das Paar, kapriziös, sensibel und nicht einfach zu kultivieren, verlangt nach sorgfältigem Winterschutz. Am wohlsten fühlen sie sich im Weinbauklima. In rauen Gegenden muss dieser exquisite Lavendel jedes Frühjahr aufs Neue nachgepflanzt werden.

EMPFEHLENSWERTE HALBSTRÄUCHER FÜR ROSENPFLANZUNGEN

Botanischer Name	Deutscher Name	Blüten-/Blattfarbe
Artemisia abrotanum	Eberraute	unscheinbar, Blätter graugrün
Artemisia absinthium	Wermut	gelb, Blätter grauweiß
Hyssopus officinalis	Ysop	blau
Lavandula angustifolia	Lavendel	lilablau, violett
Lavandula × intermedia	Provence-Lavendel	blau
Oreganum 'Norton Gold'	Gelber Majoran	Blätter zitronengelb
Perovskia abrotanoides	Russischer Lavendel	lilablau, Blätter silbrig
Rosmarinus officinalis	Rosmarin	blau
Salvia lavandulifolia	Lavendel-Salbei	blau, Blätter grau
Salvia-Officinalis-Sorten	Gewöhnlicher Salbei	purpurlila
Santolina chamaecyparissus	Heiligenblume	gelb, Blätter silbrig
Thymus vulgaris	Thymian	lila, Blätter graugrün

'Schneewittchen'-Hochstämme sind ideal mit starkwüchsigem Provence-Lavendel 'Hidcote Giant' unterpflanzt. Dessen lockeres Aussehen signalisiert jedoch, dass der Lavendel baldmöglichst zurückgeschnitten werden muss. Vergisst man das, so lässt er sich kaum noch in Form bringen.

Die aromatischen Halbsträucher stammen alle aus wärmeren Gegenden. Sie sind nicht vollständig verholzt wie echte Sträucher, sondern nur an der Basis. Der obere Teil der Pflanzen ist krautig wie bei den Stauden. Sie stellen eine Übergangsform dar. An günstigen Plätzen sind sie winter- bis immergrün. Das Besondere ist, fast alle müssen jedes Jahr kräftig zurückgeschnitten werden, und zwar unmittelbar nach der Blüte oder im Frühjahr vor dem Austrieb. Das verhindert das allmähliche Auseinanderfallen und Vergreisen. Überalterte und vernachlässigte Halbsträucher lassen sich nur noch schlecht stutzen, denn einen Rückschnitt ins alte Holz, dort wo keine grünen Knospen mehr zu sehen sind, nehmen sie übel. Empfindlich verhalten sie sich auf schweren Böden. Durchlässige, möglichst kalkhaltige Substrate sind am besten. Trotz aller notwendigen regelmäßigen Pflege hat die Verwendung der aromatischen Abkömmlinge südlicher Zonen eine jahrhundertelange Tradition. Schon immer gehörten Lavendel, Salbei oder Rosmarin, mit Rosen vereint, in den mediterranen Garten.

Auch wenn Rosen einmal nicht besonders duften, wie die überreichblühende Beetrosen-Sorte 'Bonica® 82', dann springen dafür die aromatischen Klein- und Halbsträucher ein. Lavendel ist einer der Rosenpartner, der nicht nur von den Standortansprüchen her bestens passt, sondern auch zu jeder Blütenfarbe.

Zwei vom gleichen Schlag: Rosen und andere Gehölze

Bäume, Sträucher und Rosen – das ist so eine Sache. Rosen unter Buchen, Pappeln oder Tannen, unter Hasel, Weiden oder Holunder – was sollen sie dort? Schattende Baumkronen und intolerante Wurzeln machen mit den Rosen kurzen Prozess. Will man wissen, wer mit wem kann, dann genügt ein Blick in die Natur. Partnerschaftlich mit den Wildrosen sind dort vereint die lichten, duldsamen Kiefern aller Art, die Wacholder, im Hintergrund der Buchsbaum, die Naturformen der Blütensträucher wie Pfeifenstrauch, Sommerflieder und Schneeball. Danach gilt es sich zu orientieren. Gleichzeitig mit den Rosen blühende Partner zu finden, ist schwierig, denn sommerblühende Kleinbäume und Sträucher gibt es nicht allzu viele. Das bedeutet, man ist mehr auf das Kolorit der Blätter der Anderen angewiesen. Vor dem neutralen Hintergrund von Immergrünen werden die bunten Rosenfarben mit kräftigen

BUNT BELAUBTE KLEINBÄUME UND STRÄUCHER ZU ROSEN

Botanischer Name	Deutscher Name	Laubfarbe
Berberis thunbergii 'Atropurpurea'-Sorten	Blut-Berberitze	dunkelbraunrot
Buxus-Sempervirens-Sorten	Buchsbaum	blaugrün bis grüngelb
Cedrus atlantica in zwergigen Sorten	Atlas-Zeder	silbrigblau
Cotinus coggygria 'Royal Purple'	Purpur-Perückenstrauch	metallisch schwarzrot
Juniperus horizontalis	Kriech-Wacholder	graublau
Juniperus-Squamta-Sorten	Berg-Wacholder	stahlblau
Juniperus × media 'Old Gold'	Gelber Strauch-Wacholder	grüngelb
Philadelphus coronarius 'Aureus'	Gelber Pfeifenstrauch	zitronengelb
Physocarpus opulifolius 'Diabolo'	Rote Blasenspiere	braunrot
Picea pungens in zwergigen Formen	Stech-Fichte	blau
Pinus parviflora in zwergigen Sorten	Blaue Mädchen-Kiefer	stahlblau
Pinus sylvestris in zwergigen Sorten	Blaue Wald-Kiefer	stahlblau
Robinia pseudoacacia 'Frisia'	Gelbe Robinie	zitronengelb
Spiraea japonica 'Goldflame'	Gelber Spierstrauch	zitronengelb

Hoch in eine Zier-Kirsche klimmt die Rambler-Rose 'Ghislaine de Féligonde' – „A most charming rambler" so heißt es. Schade, dass beide nicht zusammen blühen, aber auch das Hintereinander der rosa Kirschenblüten Ende April, gefolgt vom Bernsteingelb der erlesenen Kletterrose ab Juni hat seinen Reiz.

Die intensiv rosa getönte Kletterrose 'Fassadenzauber®' dient als Umrahmung für die helllila blühende Clematis 'Prince Charles', ein *Jackmanii*-Typ. Wichtig ist bei Waldreben-Sorten, dass sie an den Wänden nicht zu nahe am Fundament zu stehen kommen. Dies ist für die Wurzeln beider oftmals zu trocken. Schnell stellen sich Welkekrankheiten ein. Günstig ist es, wenn die Kletterpflanzen vor allem von den Südwänden gut 80 bis 100 cm entfernt gepflanzt werden.

Unten: Als kaum noch zu übertreffendes Traumpaar in Karminrosa und Rot präsentieren sich die wunderbar duftende Bourbon-Rose 'Zephirine Drouhin' mit ihrem braunroten Austrieb und die anhaltend blühende, im Aufgehen fast schwarzrote, dann samtige rubinrote Clematis 'Niobe'.

bleiben für unsere Gärten nur ein paar Schlinger und Ranker übrig, zumeist Geißblatt (*Lonicera*) und Waldreben, insbesondere die prunkvollen *Clematis*-Sorten. Die genannten Formen meiden voll besonnte, heiß-trockene Südfassaden. An sonnig stehenden, starkwüchsigen Rosensträuchern gibt es indessen kein Problem. Übrigens: Kletterrosen mit sich selbst kombiniert sehen auch nicht schlecht aus.

EMPFEHLENSWERTE, TEILWEISE SCHWACH WACHSENDE KLETTERPFLANZEN ZU ROSEN

Botanischer Name	Deutscher Name	Hauptfarben
Actinidia kolomikta	Mandschurischer Strahlengriffel	Blätter karminrosa und weiß gefleckt
Clematis-Jackmanii-Gruppe	Großblumige Waldrebe	blau, violett, rot, weiß
Clematis 'Königskind'	Zwerg-Waldrebe	dunkelblau
Clematis potaninii	Weiße Sommer-Waldrebe	elfenbeinweiß
Clematis-Tangutica-Gruppe	Gelbe Waldreben	goldgelb
Clematis-Texensis-Gruppe	Texas-Waldreben	karminrosa, purpurrot
Clematis-Viticella-Gruppe	Großblumige Waldrebe	blau, violett, rot, weiß
Clematis-Viticella-Sorten	Italienische Waldrebe	blau, violett, rot, weiß
Humulus lupulus 'Aureus'	Gelber Hopfen (Staude)	Blätter zitronengelb
Jasminum beesianum	Rosa Duft-Jasmin	karminrosa
Lonicera caprifolium	Gewöhnliches Geißblatt	cremegelb, rosa
Lonicera periclymenum 'Serotina'	Spätes Wald-Geißblatt	gelb, rosa
Lonicera × *brownii*	Trompeten-Geißblatt	orange
Lonicera × *heckrottii*	Feuer-Geißblatt	orange, rosa
Vitis vinifera 'Purpurea'	Färber-Rebe	Blätter braunrot

Rosenpraxis – einfach gemacht

Die weiße Kletterrose 'Bobbie James' mit Steppenkerzen (vorn) und orange Strauchrosen 'Joseph's Coat' (ähnlich wirkt 'Bonanza®').

Geschichte der Rosen

Auf den Menschen übte die Rose mit ihrer geheimnisvollen Mixtur aus Anmut, Duft und Wehrhaftigkeit schon immer eine zeitlose Faszination aus. So findet man Beschreibungen der Rose in vielgestaltiger Form in zahlreichen Epochen und Kulturen, bei unterschiedlichen Völkern und Glaubensrichtungen rund um den Erdball.

Herkunft und Verbreitung

Die natürlichen Vorkommen der Rose existieren schon seit Millionen von Jahren auf fast allen Kontinenten, viel länger also als es uns Menschen gibt. Dabei wird der asiatische Raum als die Wiege der Rosen angesehen, von wo aus sie sich im Laufe der Erdentwicklung über die nördliche Halbkugel ausgebreitet hat. In Asien gibt es auch heute noch die meisten dieser sogenannten Wildarten, bei uns in Europa dagegen vergleichsweise wenige.
Die Wildrosen sind dabei von großer Wichtigkeit für das Funktionieren des biologischen Gleichgewichts. Ihr Blütenpollen ist Nahrungsquelle für Bienen und andere Insekten und die Früchte der Rose, die Hagebutten, dienen vielen Tieren als vitaminreiche Winterspeise.

Die Rose im Altertum

Erstmals erwähnt als Gartenpflanze findet man die Rose in alten chinesischen Überlieferungen, die fast 5.000 Jahre zurückreichen. Bei einem Blick in die europäische Geschichte stößt man schon bei den alten Griechen auf die Verehrung der Rose. So wird die älteste bekannte Darstellung einer Rose auf dem berühmten Fresko in Knossos auf Kreta auf das 17. Jahrhundert vor Christus datiert und schon im 8. Jahrhundert vor Christus bezeichnet die griechische Dichterin Sappho die Rose als „Königin der Blumen" – eine Stellung, die ihr bis heute keine andere Pflanze streitig machen konnte. Von den Griechen übertrug sich der Rosenkult nach Ägypten und schließlich nach Rom, wo er bald unvorstellbare Ausmaße annahm. So berichten Beschreibungen der von Kaiser Nero veranstalteten Orgien von verschwenderischer Fülle an Rosenblättern.

Die berühmte Apothekerrose *Rosa gallica* 'Officinalis' wurde schon vor Hunderten von Jahren als Heilmittel in vielen Gärten angebaut.

„Madonna im Rosenhag" von Stefan Lochner (1448). Durch die Marienverehrung wird die Rose auch im Christentum beliebt.

Die Rose im Mittelalter

Als das römische Reich schließlich unterging, verschwand zunächst auch die Rose aus dem Focus der Geschichte. Den frühen Christen galt sie eher als sündhaft, war sie doch Sinnbild der Göttin Venus. So mussten einige Jahrhunderte vergehen, bis die Rose in die Gärten zurückkehrte, und das gelang ihr zunächst nicht aufgrund ihrer Schönheit, sondern als Heilpflanze. Nach und nach findet die Rose dann aber Einzug in die Marienverehrung – so vom Makel der Sünde befreit, stand ihrem Siegeszug in die Gärten nichts mehr im Wege.

Erste Gartenrosen in Europa

Als eine der wichtigsten Stammmütter unserer heutigen Gartenrosen gilt *Rosa gallica*, die wahrscheinlich durch Kreuzfahrer aus Persien nach Frankreich gelangte. Die berühmte Apotheker-Rose *Rosa gallica* 'Officinalis', die man noch heute in gut sortierten Gärtnereien kaufen kann, wurde schon im 14. Jahrhundert zur Gewinnung von Rosenöl und -wasser angebaut. Früh kannte man auch die Gruppe der *Alba*-Rosen – große, ausladende Sträucher, die wir auch heutzutage noch ihres Duftes und der guten Frosthärte wegen schätzen. Ebenfalls Kreuzfahrer brachten aus dem fernen Damaskus die nach ihrer Herkunft benannten Damaszener-Rosen nach Europa. Aus ihnen entwickelte sich im 16. Jahrhundert mit den Zentifolien (hundertblättrige Rosen) eine neue Rosengruppe, sogenannt wegen ihrer starken Blütenfüllung. Blüten dieser Rosen sind es, die wir heute auf den berühmten Blumenstilleben alter holländischer Meister bewundern können.

Beginn der Rosenzüchtung in Europa

Mit dem Beginn der Rosenzüchtung, die im 18. Jahrhundert noch eher zufällig war, später aber mit zunehmenden Wissen gezielter wurde, entstanden in Europa schnell neue Rosengruppen. Ein Meilenstein war dabei zweifelsohne das Einkreuzen einer bis dahin unbekannten Eigenschaft aus China-Rosen, das „Öfterblühen". Erstmals gelang das bei den Portland-Rosen, deren Sorten (zum Beispiel 'Jacques Cartier') wir heute noch gerne pflanzen, zumal sie sich wegen ihres kompakten Wuchses auch für eine Kultur im Pflanzkübel gut eignen.
Ebenfalls aus chinesischen Gartenrosen entstanden die Teerosen, Vorläufer unserer heutigen Edelrosen, die aber aufgrund ihrer Empfindlichkeit heute kaum noch zu finden sind. Nach Einführung der legendären 'Persian Yellow' 1837 in Europa gelang mit dem Einkreuzen der gelben Blütenfarbe ein weiterer wichtiger Schritt in der Rosenzüchtung. Leider brachte diese Rose nicht nur ihre Blütenfarbe, sondern auch eine lästige Anfälligkeit für Sternrußtau mit, unter der noch heute viele gelbe Rosen als ihre Nachkommen zu leiden haben. Mit den Remontant-Hybriden entstanden Mitte des 19. Jahrhunderts Rosen, die zwar noch nicht dauerblühend waren, aber immerhin eine zweite Blüte im Spätsommer zeigten. Sie gelten als Übergang von den Alten zu den Modernen Rosen.

Die Rosen unserer Zeit

Als Beginn der Zeitrechnung der Modernen Rosen gilt das Jahr 1867 mit der Einführung von 'La France', der ersten Teehybride oder Edelrose. Mittlerweile war die Rose in vielen Ländern rund um den Erdball in Mode gekommen, überall entstanden Rosengärten und wurden Rosenvereine gegründet. Viele Rosenzüchter beschäftigten sich nun mit der Entwicklung neuer Sorten, die zu den Rosengruppen führten, wie wir sie heute kennen, den Polyantha-Rosen, aus denen später die Floribunda-Rosen entstanden, öfterblühende Strauch- und Kletterrosen und schließlich auch die Bodendecker- oder Kleinstrauchrosen.

Eine der beliebtesten Portlandrosen ist 'Jacques Cartier', die man auch heute in vielen Gärtnereien bekommen kann.

Die gelbe Blütenfarbe unserer heutigen Rosen stammt aus 'Persian Yellow', häufig leider auch ihre Anfälligkeit für Sternrußtau.

Die legendäre Teehybride 'La France' wurde von Guillot 1867 in Frankreich eingeführt und gilt als erste Moderne Rose.

Züchtung

Reife Hagebutten nach gelungener Bestäubung. Die Nummer sagt dem Züchter, wer der Vater der Kreuzung ist.

Unter Rosenzüchtung im eigentlichen Sinne versteht man das Entwickeln neuer Sorten und nicht etwa die Anzucht von Pflanzen, was im täglichen Sprachgebrauch häufig verwechselt wird. Mit wirklicher Rosenzüchtung befassen sich neben einigen Hobbyzüchtern nur wenige große Firmen mit professionellem Engagement. Grund dafür ist der ernorm hohe Aufwand, den es erfordert, um den vielen Rosensorten, die es heute schon gibt, echte Verbesserungen hinzuzufügen.

Auf dem Testfeld werden die neuen Sorten mehrere Jahre einer harten Prüfung ohne Einsatz von Pflanzenschutzmitteln unterzogen.

Wie alles begann

Die Ursprünge der Rosenzüchtung, wie wir sie heute kennen, muss man etwa Mitte des 19. Jahrhunderts in Frankreich suchen. Alle Rosensorten, die vor dieser Zeit entstanden, sind als Zufallsprodukte (sogenannte freie Abblüten) zu sehen. Diese Zufälligkeit in ihrer Entstehung ist auch der Grund für unser mangelndes Wissen über den Ursprung vieler alter Rosensorten. Wenn es Angaben darüber gibt, so beruhen diese meist mehr auf Vermutungen als auf Tatsachen. Mit dem Beginn der gezielten Rosenzüchtung entwickelten sich dann schnell neue Rosengruppen und die Menschen versuchten, geleitet von den Schönheitsidealen ihrer Epoche, bestimmte Rosentypen entstehen zu lassen. Einige Eigenschaften, die uns bei den heutigen Kulturrosen als selbstverständlich erscheinen, sind für die frühen Rosenzüchter große Fortschritte gewesen, wie zum Beispiel die Eigenschaft des Öfterblühens oder der Einzug neuer Blütenfarben wie Gelb und Orange.

Die tägliche Arbeit des Rosenzüchters

Viele Hobbygärtner, die sich den Beruf des Rosenzüchters

Rosenzüchter bestäuben Blüten gezielt mit dem Pollen einer anderen Rose und lassen auf diesem Wege neue Sorten entstehen.

Die Wildart *Rosa gallica* gilt als eine der wichtigsten Stammmütter unserer heutigen modernen Gartenrosen.

als eine Art „Traumjob" vorstellen, würden sich doch wundern, wie viel mühselige, harte Arbeit hinter dieser Tätigkeit steckt. Nachdem in den Wintermonaten ein ausführlicher Kreuzungsplan erstellt wurde, der festlegt, welche Sorten als Saatträger („Mutter") beziehungsweise Pollenspender („Vater") miteinander kombiniert werden sollen, kommt im Mai die Zeit der praktischen Arbeit für den Rosenzüchter. Viele fleißige Hände sind dann jeden Morgen nötig, um die Blüten zu öffnen und zu kastrieren, bevor sich diese selbst bestäuben können. Der Pollen einer jeden Sorte kann getrocknet am nächsten Tag zur Bestäubung einer anderen Sorte verwendet werden. Ist die Befruchtung gelungen, so entwickeln sich aus dem Blütenboden schon bald die Früchte der Rose, die Hagebutten. Diese färben sich im Laufe des Sommers langsam rot, bis sie im Herbst reif sind und geerntet werden. Die Saatkörner werden entnommen und sorgfältig nach ihren Eltern sortiert in spezielle Saatbeete ausgesät, wo sie den Winter über kühl liegen und im folgenden Frühjahr zu keimen beginnen.

Jeder Sämling, der sich so entwickelt, hat ganz unterschiedliche Eigenschaften und stellt eine eigenständige Rosensorte dar. Auf den Rosenzüchter kommt nun die schwierige Aufgabe zu, aus den vielen tausend Pflanzen die wertvollsten auszuwählen.
Dieser Selektionsprozess beginnt im Gewächshaus und wird im folgenden Jahr auf einem Testfeld im Freiland fortgesetzt. Dort werden die vielen noch namenlosen Sorten über mehrere Jahre einer rigorosen Prüfung ihrer Blüheigenschaften aber auch ihrer Blattgesundheit, also der Widerstandsfähigkeit gegenüber Pilzkrankheiten wie Sternrußtau oder Mehltau, unterzogen.
Bei führenden Rosenzüchtern wird dabei heute auf den Einsatz von Spritzmitteln gänzlich verzichtet, um die gesündesten unter den vielen Kandidaten auswählen zu können. Erst nach einer Zeit von acht bis zehn Jahren ist es dann so weit und eine Hand voll Sorten bleibt übrig, die feierlich getauft werden und als Neuheit das Sortiment bereichern.

Rosenzüchtung in der heutigen Zeit

Bei den vielen Rosensorten, die es schon gibt – im großen Rosarium von Sangerhausen sind mehr als 8.000 verschiedene Sorten gepflanzt und in großen Rosenbüchern sogar mehr als 24.000 aufgelistet – stellt sich die Frage, warum immer noch weitere neue Rosen gezüchtet werden. Die Antwort findet sich in einem merklichen Wandel, den das Rosensortiment zur Zeit durchläuft. Viele Rosensorten, die während der 60er und 70er Jahre gezüchtet wurden, als der ständige Einsatz von Spritzmitteln tägliche Praxis war, erfüllen nicht mehr die Anforderungen der heutigen Zeit, in der wir weitgehend auf Chemie verzichten wollen. Ältere Sorten werden so nach und nach aus dem Angebot verschwinden, während neue, mit verbesserter Widerstandsfähigkeit ihren Platz einnehmen. Die Kombination von Schönheit und Duft der Blüten mit einer gesunden Belaubung ist das nächste Züchtungsziel – und so bleibt für die Rosenzüchter also auch in Zukunft noch viel zu tun.

Es war ein weiter Weg in der Rosenzüchtung von der einfachen Wildrose bis zur vollendeten Schönheit einer 'Grande Amore'.

Rosenklassen

Die Einteilung der Rosen in unterschiedliche Gruppen oder Klassen soll dem Rosenliebhaber helfen, sich in dem Gewirr der vielen Sorten zurechtzufinden und den richtigen Typ für den jeweiligen Verwendungszweck auszuwählen. Dabei ist und bleibt die Rose aber ein Produkt von Mutter Natur und die lässt sich nur sehr ungern in Schemata pressen. Der Übergang zwischen den einzelnen Rosenklassen ist manchmal fließend und viele Sorten lassen sich auch unterschiedlichen Gruppen zuordnen. So kann eine ganze Reihe von Strauchrosen in milden Regionen (zum Beispiel im Weinbauklima) auch als Kletterrose verwendet werden, da sich die Pflanzen ohne Gefahr von Frostschäden über Jahre aufbauen können. Viele der neueren Kleinstrauchrosen eignen sich nicht nur für flächige Pflanzungen im öffentlichen Grün sondern auch als Beetrose im privaten Garten, und kräftig wachsende Bodendeckerrosen machen sich hervorragend auch als niedrige Kletterrosen entlang von Zäunen. Wie Strauchrosen verwendet man die Hybriden der Wildrosen – sie bringen den natürlichen Charme ihrer Urahnen in den naturnahen Garten. Lassen Sie sich also von dieser Einteilung in Rosenklassen helfen, aber lassen Sie auch Ihrer Phantasie freien Lauf in Gestaltung und Verwendung.

ROSENKLASSEN

Klasse	Wuchshöhe in cm	Wuchsform	Blüte	Verwendung	Tipp
Beetrosen	50–80	buschig aufrecht	einfach bis stark gefüllt, in Dolden, öfterblühend	in Gruppen, beetweise, ideal für gemischte Beete	zu den Beetrosen zählen neben den Floribunda-Rosen auch die kleinblütigen Polyantha-Hybriden
Edelrosen	70–120	schlank aufrecht	edel und stark gefüllt, einzeln oder in Dolden, öfterblühend	in Gruppen, beetweise	nur für optimale Standorte, oft stark duftend, Vasenschnitt
Zwergrosen	25–50	gedrungen, kompakt	einfach bis stark gefüllt, in Dolden, öfterblühend	blattgesunde Sorten für niedrige Rabatten, für Kübel auf Balkon und Terrasse	Sorten mit etwas größeren Blüten werden auch Patio-Rosen genannt
Kleinstrauchrosen	50–100	breit buschig, zum Teil bogig überhängend	einfach bis stark gefüllt, in Dolden, meist öfterblühend	große Flächen, Hangbegrünung, gemischte Beete	meist sehr reichblühend und blattgesund, selten duftend
Kleinstrauchrosen – Bodendecker	20–50	flach ausgebreitet, kriechend	einfach bis stark gefüllt, in Dolden, meist öfterblühend	flächige Pflanzungen, Mauerkronen, als Kletterrose an Zäunen	als Untergruppe den Kleinstrauchrosen zugeordnet
Strauchrosen	120–200	buschig aufrecht, zum Teil bogig überhängend	einfach bis stark gefüllt, in Dolden, meist öfterblühend	im Einzelstand, in Gruppen, für Hecken	meist sehr robust, gut mit Gehölzen und Stauden kombinierbar
Strauchrosen – Englische Rosen	100–200	buschig aufrecht, meist bogig überhängend	stark gefüllt mit nostalgischem Charakter, meist intensiv duftend	im Einzelstand oder als Gruppen, gern in Kombination mit Stauden	die meisten Züchtungen des Engländers David Austin, gehören im Wuchs zu den Strauchrosen
Kletterrosen – Climber	200–300	aufrecht, starktriebig	einfach bis stark gefüllt, in Dolden, meist öfterblühend	Wände, Spaliere, Obeliske, Lauben, Carports	bevorzugen vollsonnige Standorte
Kletterrosen – Rambler	250–600	biegsam, langtriebig	einfach bis stark gefüllt, kleinblumig, in dichten Büscheln, meist einmalblühend	Wände, Bögen, Pergolen, Beranken alter Bäume	meist sehr reichblühend, auch für halbschattige Standorte geeignet
Historische Rosen	70–250	kompakt bis ausladend, straff aufrecht bis bogig überhängend	sehr vielfältig, meist reich gefüllt und duftend, meist einmal-, selten öfterblühend	sehr vielfältig, Einzelstand oder Gruppe, für Hecken, gern mit Begleitpflanzen	hier werden alle Sorten eingeordnet, die vor Einführung der ersten Edelrose 'La France' (1867) entstanden
Naturnahe Wildrosen-Hybriden	120–250	meist sehr ausladend, straff aufrecht bis bogig überhängend	häufig einfach, selten auch gefüllt, in der Regel einmalblühend	sehr vielfältig, im Einzelstand oder als Gruppe, für Hecken, gern mit Begleitpflanzen	für naturnahe, aber meist auch großräumige Gartensituationen
Wildrosen	150–250	sehr ausladend, meist aufrecht und bogig überhängend	einfache Blüten und immer einmalblühend	für Hecken, vor Mauern, als Hangbepflanzung	für naturbelassene Gärten, fordern viel Platz

'Bonica® 82' – eine der bekanntesten Beetrosen

'Ingrid Bergmann®' – eine Legende unter den Edelrosen

'Clementine®' – eine farbenfrohe Zwergrose

'Heidetraum®' – eine weltweit bekannte Kleinstrauchrose

'Westerland®' – ein Klassiker unter den Strauchrosen

'New Dawn' – eine seit langem bewährte Kletterrose

'Königin von Dänemark' – eine beliebte historische Sorte

'Frühlingsgold' – eine naturnahe Hybride der Wildart *Rosa pimpinellifolia*

Rosa rubiginosa, die Wein-Rose – ihr Laub duftet angenehm nach Äpfeln

Standort

Ohne den richtigen Standort stellt sich diese Rosenpracht nicht ein. Hier Rosenbeet im Eingangsbereich von einem der berühmtesten Rosengärten der Welt, dem Europa-Rosarium Sangerhausen.

Oft hört man die Bemerkung „Rosen sind Sonnenkinder", wenn es um die Standortansprüche von Rosen geht. Das ist auch insofern richtig, als dass Rosen immer einen vollsonnigen Platz bevorzugen. Übertreiben kann man es mit der Sonne allerdings auch, denn Hitzestau vor Wänden oder Mauern in Südlage wie auch die Wärmestrahlung von Wegen bedeuten Stress für die Pflanzen und fördern den Befall mit Schädlingen, besonders mit den lästigen Spinnmilben, die Trockenheit und Wärme lieben. Der sonnige Standort sollte also immer gut durchlüftet sein, was auch ein schnelles Abtrocknen der Blätter gewährleistet. So wird auch die Ausbreitung von Pilzkrankheiten verhindert. Blühreiche Sorten mit hoher Blattgesundheit kann man auch an halbschattigen Standorten mit mindestens fünf Stunden Sonne pro Tag pflanzen, muss dabei aber immer etwas lockeren Wuchs und verminderte Blühleistung in Kauf nehmen. Plätze im Schatten und solche unter der Traufe großer Bäume sollte man ganz vermeiden.

Besonders mit anderen Gehölzen konkurrieren die Rosen auch um Wasser und Nährstoffe, also ausreichenden Abstand zu Sträuchern und Hecken einhalten.

Bodenansprüche

Rosen sind Tiefwurzler und erreichen nicht selten 1,5 m und mehr. Sie bevorzugen deshalb einen tiefgründigen Boden, der humos und sandig-lehmig sein sollte. Sehr leichte Böden können durch Zugabe von Kompost verbessert werden, schwere Böden durch Einarbeiten von Sand oder Kompost. Verdichtete Bodenschichten und Staunässe führen meist zu Kümmerwuchs und sollten durch die Lockerung der Erde vor dem Pflanzen beseitigt werden. Wichtig ist außerdem der pH-Wert des Bodens, also das Kalk-Säure-Verhältnis. Für ein optimales Gedeihen der Rosenpflanzen sollte er zwischen 6,5 und maximal 7,5 liegen. Korrekturen sind durch das Einarbeiten von Kalk beziehungsweise entsprechend

CHECKLISTE FÜR DEN RICHTIGEN STANDORT

Guter Standort	Schlechter Standort
– sonnige Lage	– Hitzestau
– gute Durchlüftung	– Schattenlagen
– schnelles Abtrocknen der Blätter	– Traufe von Bäumen
– tiefgründiger Boden	– Bodenverdichtung / Staunässe
– hoher Humusgehalt	– geringer Humusgehalt
– pH-Wert zwischen 6,5 und 7,5	– Nährstoffmangel
– gleichmäßige Nährstoffversorgung	– Wurzelkonkurrenz anderer Pflanzen
– ausgeglichene Bewässerung	– Pflanzung von Rosen nach Rosen

Bei der Wahl des richtigen Standorts sollten Sie darauf achten, dass dieser sich in einer sonnigen Lage befindet und eine gute Durchlüftung gewährleistet, die das schnelle Abtrocknen der Blätter ermöglicht. Der Boden sollte einen hohen Humusgehalt vorweisen, möglichst tiefgründig und nicht verdichtet sein und sein pH-Wert (Säuregehalt) sollte zwischen 6,5 und maximal 7,5 liegen. Wurzelkonkurrenz mit anderen Pflanzen sollte ebenso vermieden werden wie einen Pflanzung von Rosen an Stellen, an denen bereits vorher Rosen standen. Darüber hinaus sollten Sie für eine regelmäßige Düngung und gleichmäßige Bewässerung sorgen, dann steht der Rosenpracht nichts mehr im Wege.

saurer Dünger in den Boden möglich.
Besonders unsere modernen Gartenrosen, die den ganzen Sommer über unermüdlich blühen sollen, sind als Starkzehrer bekannt. Schwere, lehmige Böden können Nährstoffe gut speichern und langsam freigeben, bei leichten Sandböden dagegen sollte mit verstärkter Düngung nachgeholfen werden. Durch ihr tief reichendes Wurzelsystem sind die Rosen in unseren Breiten nur selten auf zusätzliche Bewässerung angewiesen. In sehr trockenen Perioden während des Sommers hilft sie aber, höchste Blühleistung zu erreichen. Dabei sollten die Pflanzen nicht mit feuchtem Laub in die Nacht gehen – am besten also morgens gießen.

Rosen pflanzen, wo schon Rosen standen?

Ein Ärgernis, das Gartenfreunden häufig zu schaffen macht, die ihre Rosenpflanzungen erneuern wollen, vielleicht weil alte krankheitsanfällige Sorten neuen gesünderen Züchtungen weichen sollen, ist die sogenannte Nachbauproblematik. In denselben Boden, wo einmal Rosen gestanden haben, sollten im Anschluss nicht sofort wieder Rosen gepflanzt werden, da sonst mit Kümmerwuchs und schwacher Blüte zu rechnen ist – das gilt besonders für leichte Sandböden. Die Ursache für dieses Phänomen liegt vermutlich in mehreren Faktoren, die noch nicht endgültig erklärt werden können. Die großen Rosenproduzenten umgehen die Problematik, indem sie nach einer Rosenkultur das Feld einige Jahre lang nicht bestellen und in dieser Zeit mit Landwirten die Flächen tauschen. Falls im Garten so ein Flächentausch (zum Beispiel Gemüsegarten gegen Rosengarten) nicht in Frage kommt, dann bleibt leider nur die mühselige Lösung eines Bodenaustausches. Eine Schicht von 30 bis 40 cm sollte es schon sein, die vom alten Standort entfernt und durch frische Gartenerde, vielleicht mit Kompost angereichert, ersetzt wird.

Auswahl, Einkauf

HERBSTPFLANZUNG

Dass der Herbst die beste Pflanzzeit für Rosen ist, gerät leider immer mehr in Vergessenheit. Besonders gilt das für die klassische Angebotsform der Rosen, die sogenannte „wurzelnackte“ Ware. Wurzelnackte Rosen werden über den Winter ihn Kühlräumen gelagert, stehen von Anfang Oktober bis zum folgenden April zur Verfügung und werden von einigen Anbietern auch zugeschickt. Ist der Boden frostfrei, kann während dieser Periode ständig gepflanzt werden. Eine Herbstpflanzung ist aber immer von Vorteil, da die Pflanzen im noch warmen Boden neue Wurzeln bilden können und somit im folgenden Frühjahr einen viel besseren Start in die neue Saison haben. Auch bis etwa Ende April ist die Pflanzung wurzelnackter Rosen möglich. Man wird aber nie Wachstum und Blütenfülle einer im Herbst gepflanzten Rose erreichen.
Unerfahrenen Gartenfreunden ist oft nicht bekannt, dass die Rosensaison im Herbst mit dem Angebot der frisch gerodeten Pflanzen beginnt und nicht etwa im Frühjahr. So erscheinen die Kataloge der führenden Rosenzüchter auch immer in den Sommermonaten und gelten dann für das ganze folgende Jahr. Wer erst im März oder April mit der Gartenplanung beginnt, der wundert sich häufig, dass viele gute Sorten und besonders die Neuheiten bereits vergriffen sind, denn diese werden im ersten Jahr noch nicht in großen Stückzahlen vermehrt.

Vielfältige Angebotsformen stehen zur Verfügung: Wurzelnackte (ganz links A-Qualität, rechts daneben B-Qualität) oder beutelverpackte Rosen (Mitte) sowie Pflanztöpfe (Mitte rechts) oder Container-Rosen (rechts).

Rund ums Jahr stehen dem kauffreudigen Rosenliebhaber heutzutage Rosen zur Verfügung. Je nach Geschmack, Jahreszeit und Geldbeutel kann man zwischen verschiedenen Angebotsformen und Liefermöglichkeiten wählen.

Wurzelnackte Rosen

Wurzelnackte Rosen sind die klassische Angebotsform der großen Rosenproduzenten und für den Kunden noch immer die kostengünstigste Alternative. Die Pflanzen wachsen auf den Feldern über den Sommer heran, werden im Herbst gerodet und nach strengen Qualitätskriterien sortiert. Dabei muss eine Pflanze von A-Qualität stets drei starke Grundtriebe aufweisen, die günstigere B-Qualität noch immer zwei Triebe. Minderwertige Qualität wird von seriösen Anbietern nicht in den Handel gegeben.
Die Versandsaison beginnt im Oktober und endet im April, bestellt wird über einen Katalog oder immer mehr auch übers Internet, wo ausführliche Sortenbeschreibungen und Abbildungen zur Verfügung stehen. Fachgerecht verpackt werden die Pflanzen bis an die Haustür geliefert – besten Erfolg hat man mit wurzelnackten Rosen, wenn noch im Herbst gepflanzt wird (siehe Kasten links oben).

Beutelverpackte Rosen

Viele Anbieter wie Gartencenter oder Baumärkte sind heute nicht mehr auf den Verkauf wurzelnackter Rosen eingerichtet, sondern bieten im Herbst sowie im Frühjahr sogenannte „beutelverpackte" Rosen als Selbstbedienungsartikel an. Diese stecken in einem Plastikbeutel, wobei zum Schutz vor Austrocknung meist die Triebe in Wachs getaucht sind und Erde um die Wurzeln gepresst wurde. Vorsicht beim Kauf solcher Rosen im Supermarkt – es handelt sich meist um drittklassige Sorten mit geringer Widerstandsfähigkeit gegen Krankheiten, die außerdem selten fachgerecht gelagert werden. Finger weg, wenn die Triebe schrumpelig aussehen oder schon sehr weit ausgetrieben sind und lieber den Weg in den Fachhandel antreten.

Rosen im Pflanztopf

Als hochwertigeres Produkt findet man manchmal schon im Herbst, meist aber zum zeitigen Frühjahr im gut sortierten Fachhandel sogenannte Pflanztöpfe. Das sind frisch getopfte Rosen in handlichen Töpfen von etwa zwei Litern Inhalt. Bei einigen Anbietern befindet sich im Plastiktopf noch ein Einsatz aus verrottbarem Material, der zusammen mit der Rose gepflanzt werden kann. Mit dieser schonenden Methode ist ein sicheres Anwachsen gewährleistet, da das junge, noch empfindliche Wurzelwerk nicht im Wachstum gestört wird.

Rosen im Container

Eine weitere Angebotsform, die in den vergangenen Jahren immer populärer geworden ist, ist die Container-Rose. Container heißt in diesem Fall, dass die Rosen in Töpfe verschiedener Größe eingetopft sind. Im Gegensatz zu den vergleichsweise günstigen wurzelnackten Pflanzen sind Container-Rosen deutlich teurer, da ihre Anzucht für den Produzenten höhere Kosten verursacht. Solche Container haben meist einen Inhalt zwischen vier und zehn Litern. Vorteil der Container ist, dass die Rose in ihnen blüht und man so sehen und riechen kann, was man kauft – der Handel nennt das sinnigerweise „Erlebniskauf". Außerdem können Container-Rosen den ganzen Sommer hindurch gepflanzt werden oder auch, vorausgesetzt der Topf ist groß genug, auf Balkon oder Terrasse stehen

Fachgerecht verpackt überstehen die wurzelnackten Rosen den Transport mit der Post völlig unbeschadet und werden bis an die Haustür geliefert.

bleiben. Beim Kauf im zeitigen Frühjahr sollten Sie darauf achten, dass der Topf schon ausreichend durchwurzelt ist, sonst leidet die Rose beim Umpflanzen. Wird im Sommer bei Trockenheit gepflanzt, dann sorgen Sie für eine ausreichende Bewässerung, denn die Wurzeln brauchen eine Weile, um mit dem Boden zu verwachsen.

ADR-PRÜFUNG

Genauso wichtig wie ihre äußere Qualität sind die inneren Eigenschaften der Pflanzen, wobei besonders auf die Widerstandsfähigkeit gegenüber Pilzkrankheiten wie Sternrußtau und Mehltau geachtet werden sollte. Da man einer Rose, egal ob wurzelnackt oder im Container, ihre Gesundheit nicht gleich ansehen kann, glaubt man entweder den Angaben der Rosenanbieter in den Katalogen oder aber einer unabhängigen Institution. Eine solche ist die ADR (Allgemeine Deutsche Rosenneuheitenprüfung). Völlig zu Recht gilt sie als die härteste aller Rosenprüfungen – nirgendwo wird so konsequent ohne Einsatz chemischer Pflanzenschutzmittel getestet.
Auf elf Standorten, verteilt über ganz Deutschland, werden die von den Züchtern eingesandten Rosen über einen Zeitraum von drei Jahren von unabhängigen Juroren begutachtet. Nur Rosen, die in Gesundheit und Blüheigenschaften überzeugt haben, bekommen schließlich das ADR-Prädikat, welches aber nicht für die Ewigkeit verliehen wird, sondern aberkannt wird, sollte die Rose in späteren Jahren nicht mehr befriedigen. Die Liste der aktuellen ADR-Sorten findet man im Internet unter www.adr-rose.de.

Pflanzung

Je nachdem, für welche der auf den vorhergehenden Seiten beschriebenen Angebotsformen der Rosen man sich entscheidet, bieten sich ganz verschiedene Pflanztermine an. Durch das heute reiche Angebot an Container-Rosen hat man fast rund ums Jahr die Möglichkeit, Rosen zu pflanzen. Um eine sichere Blütenpracht zu erhalten, ist eine Herbstpflanzung aber immer noch der günstigste Termin.

Pflanzung wurzelnackter Rosen

Die Saison der wurzelnackten Rosen beginnt Anfang Oktober und endet im April. Während dieser Zeit kann immer gepflanzt werden, sofern der Boden frostfrei ist – eine zeitige Pflanzung gewährleistet aber immer kräftigen Wuchs und reiche Blüte fürs folgende Jahr. Je später die Pflanzung im Frühjahr erfolgt, um so sorgfältiger müssen wurzelnackte Rosen behandelt werden.

Besonders im Frühjahr ist ausgiebiges **Wässern** der Rosen vor dem Pflanzen von großer Wichtigkeit. Nach vielen Wochen in den Kühlräumen der Baumschulen werden die Pflanzen so aus ihrer „Winterruhe" geweckt. Hierbei sollte man nicht zu sparsam sein, – es dürfen gerne 24 Stunden sein und nicht nur die Wurzeln, sondern auch die Triebe sollten im Wasser untertauchen.

Beim **Pflanzschnitt** werden die Wurzelspitzen ein wenig eingekürzt und die Triebe auf eine Länge von etwa 20 cm gestutzt. Das schadet der Pflanze nicht etwa, sondern reduziert ihre Verdunstungsfläche, hilft ihr also.

Beim eigentlichen **Pflanzen** muss das Pflanzloch ausreichend tief sein, so dass die Wurzeln nicht umgekickt werden. Die Verdickung am Ende des Wurzelhalses, die sogenannte Veredlungsstelle, sollte etwa drei Finger breit unter der Erdoberfläche liegen – dadurch wird ein späteres Ausfrieren verhindert.

Nach dem Pflanzen wird die lockere Erde um die Rose herum vorsichtig angetreten und dann gründlich angegossen, damit alle Wurzeln Kontakt zum Erdreich bekommen.

Der letzte Schritt ist das Anhäufeln, das sowohl bei einer Pflanzung im Herbst als auch im

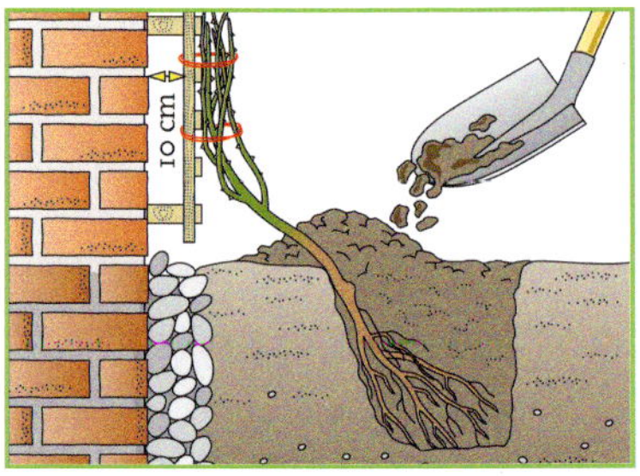

Kletterrosen sollte man nicht zu dicht vor eine Hauswand pflanzen, weil dort der Boden meist sehr trocken ist und die Pflanze nicht genügend Wurzelraum erhält. Man gräbt das Pflanzloch am besten in etwa 50 cm Abstand, setzt die Pflanze schräg ein und leitet ihre Triebe zur Wand hin. Eine Rankhilfe im Abstand von 10 cm zur Hauswand gewährleistet eine ausreichende Luftzirkulation, die Pilzkrankheiten vorbeugt.

Rosenpflanzung 1. Besonders im Frühjahr ist ausgiebiges Wässern vor dem Pflanzen erforderlich. Am besten legen Sie die Rosen über Nacht in eine Wanne, so dass auch die Triebe untergetaucht sind.

2. Beim Pflanzschnitt werden die Wurzeln leicht eingekürzt und die Triebe auf eine Länge von etwa 20 cm zurückgeschnitten. Die Pflanze verdunstet so weniger Wasser und wächst leichter an.

Beim Pflanzen sollten Container-Rosen so gut durchwurzelt sein, dass der Ballen nicht auseinander fällt.

Das Pflanzloch muss ausreichend groß ausgehoben werden. Nach dem Pflanzen ausreichend wässern.

Frühjahr von großer Wichtigkeit ist. Über den Winter schützt der kleine Erdwall um die Pflanze herum vor Frost und später vor der manchmal sehr kräftigen Frühjahrssonne, welche die Pflanzen austrocknen kann, bevor ihre Wurzeln beginnen Wasser aufzunehmen.

Pflanzung wurzelverpackter Rosen und Pflanztöpfe

Das Pflanzen dieser Angebotsformen unterscheidet sich nicht wesentlich von dem der wurzelnackten Rosen.
Der Pflanzschnitt kann meistens entfallen und auch das Wässern vorm Pflanzen, wenn der Ballen ausreichend feucht ist. Auf gründliches Angießen und Anhäufeln sollte aber auf keinen Fall verzichtet werden.

Pflanzung von Container-Rosen

Die ab Mai erhältlichen eingetopften Rosen, sogenannte Container-Rosen, werden blühend angeboten, was die Auswahl der passenden Sorten für Ihren Garten erleichtert. Das Pflanzen ist den ganzen Sommer hindurch möglich, da das Wurzelsystem der Rose nicht gestört wird.
Container-Rosen gelten als pflegeleicht, allerdings sollten auch hierbei gewisse Regeln eingehalten werden.
Container-Rosen sollten schon beim Kauf gut durchgewurzelt sein und je nach Feuchte des Ballens, muss der Topf ausgiebig gegossen oder sogar in einem Eimer getaucht werden, bis keine Luftblasen mehr aufsteigen. Das Angießen nach dem Pflanzen wird dadurch aber nicht überflüssig!
Ein großzügiges Pflanzloch schafft ausreichend lockeren Boden um die Pflanze für ein gutes Wurzelwachstum. Auch bei Container-Rosen gehört die Veredlungsstelle der Rose etwa 5 cm unter die Erdoberfläche. Achtung, das muss nicht immer die Oberfläche des Topfballens sein!
Ein Schneiden von Trieben oder Wurzeln ist allerdings beim Pflanzen von Container-Rosen nicht notwendig.
Besonders in trockenen Perioden kann auch in der Zeit nach dem Pflanzen zusätzliches Wässern nötig sein, da die Wurzeln noch nicht in den Boden vorgedrungen sind und sich selbst versorgen.

3. Das Pflanzloch sollte ausreichend tief ausgehoben werden, damit die Wurzeln vollständig von lockerem Erdreich umgeben sind und beim Einpflanzen nicht umgeknickt werden.

4. Die Veredlungsstelle sollte beim Pflanzen etwa drei Finger breit unterhalb der Erdoberfläche liegen. Die Rose ist dadurch immer vor barem Frost (Frost ohne Schneedecke) geschützt und kann niemals völlig ausfrieren. Das Anhäufeln nach dem Pflanzen schützt im Winter vor Frost und im Frühjahr vor starker Sonneneinstrahlung, welche die Triebe der Rose schnell austrocknen kann.

Düngung

Um ihre volle Blütenpracht entfalten zu können, brauchen besonders unsere modernen, öfterblühenden Gartenrosen Unterstützung durch zusätzliche Düngung.
Durch das mehrfache Blühen über die Sommermonate wird der Pflanze alles abverlangt und sie verbraucht viel Energie. Ein Mangel an Nährstoffen wirkt sich nicht nur schnell in fehlender Blühleistung aus, auch Schädlinge und Blattkrankheiten haben mit einer geschwächten Pflanze leichtes Spiel.
Der Schlüssel zum Erfolg ist aber eine ausgewogene Düngung, denn auch übermäßige Nährstoffversorgung führt zu mastigem Wachstum und macht die Pflanzen empfindlich. Je nach Bedarf und Jahreszeit stehen verschiedene Düngertypen zur Auswahl. Grundsätzlich muss man zwischen organischen (natürlichen) und mineralischen (künstlichen) Düngern unterscheiden.

Organische Dünger

Wer auf künstliche Dünger verzichten möchte, dem bieten sich natürliche Nährstoffquellen, wie zum Beispiel Stallmist, Rinderdung (auch in getrockneter Form erhältlich), Kompost oder höher konzentriert in Form von Hornspäne. Bei solchen organischen Düngern fließen die Nährstoffe immer langsam, da sie schrittweise bei der Zersetzung durch Mikroorganismen freigesetzt werden. Im Gegensatz zu den mineralischen Düngern macht bei den organischen eine Herbstdüngung also durchaus Sinn, da die Mikroorganismen in den kalten Wintermonaten wenig aktiv sind und so die Nährstoffe nicht unnötig vergeudet werden. Wichtiger ist aber eine großzügige Gabe im Frühjahr, wenn das neue Wachstum beginnt.
Bei der Verwendung von Stallmist sollte das Material unbedingt abgelagert, also angerottet sein – zu frischer Dung reagiert aggressiv und kann den Pflanzen Schaden zufügen.
Wenn Sie Ihren garteneigenen Kompost zur Düngung der Rosen verwenden wollen, dann gehört das abgefallene Laub der Rosen im Herbst nicht auf den Komposthaufen. Die Sporen von Blattkrankheiten wie Sternrußtau oder Mehltau überleben nämlich auch im Kompost und infizieren die Pflanzen dann schnell neu.

DÜNGEFEHLER

– Beim Pflanzen wurzelnackter Rosen niemals Mineraldünger, wie zum Beispiel Blaukorn mit ins Pflanzloch geben –, die Wurzeln „verbrennen“ sonst regelrecht und sterben ab.
– Nach Mitte Juli nicht mehr stickstoffbetont düngen – die Pflanzen schließen ihr Wachstum sonst nicht rechtzeitig ab und werden empfindlich für Frostschäden.
– Mineraldünger nicht im Überfluss geben – alle Nährstoffe, welche die Pflanzen nicht aufnehmen und der Boden nicht speichert, werden ausgewaschen und belasten unnötig das Grundwasser.

Mineralischer Dünger

Mineralische Dünger sind besser als ihr Ruf und können, vernünftig dosiert, eine sinnvolle Maßnahme sein. Nur im Überfluss verabreicht, werden sie zu einer Belastung für die Umwelt. Während der Wachstumsperiode empfiehlt sich die zweimalige Gabe eines Volldüngers, der

Ohne eine ausreichende Nährstoffversorgung wäre diese Blütenpracht der Beetrose 'Blühwunder®' nicht möglich.

alle nötigen Nährstoffe enthält. Zu Zeiten des Austriebs im März/April und der Hauptblüte im Juni/Juli ist der Nährstoffbedarf der Rosen besonders hoch. Nur bei akuten Mangelsymptomen sollte ein schnell wirkender **Kurzzeitdünger** verwendet werden – zur Wahl stehen hier Dünger in gekörnter Form oder Flüssigdünger, der besonders schnell an die Wurzeln gelangt. Ansonsten machen **Langzeitdünger** mehr Sinn, weil sie eine über mehrere Monate langsam fließende Nährstoffquelle darstellen. Diese Dünger setzen ihre Nährstoffe nur bei feucht-warmer Witterung frei – also dann, wenn die Pflanzen sie zum Wachstum benötigen. Sie sind zwar etwas teurer, düngen aber sparsamer und schonen dabei die Umwelt.

Damit die Triebe zum Winter hin ausreifen können, sollte ab Mitte Juli kein Stickstoff mehr gegeben werden. Stattdessen ist eine Gabe Patentkali im September sinnvoll, denn Kali stärkt den Aufbau der Zellwände, und das wirkt sich positiv auf die Frosthärte der Triebe aus.

Rosen-Spezial-Dünger

Verstärkt sind im Handel auch spezielle Rosendünger verschiedener Anbieter erhältlich. Diese stellen in der Regel eine Kombination von organischen und mineralischen Düngeformen dar und sind auf die besonderen Anforderungen von Rosen ausgerichtet.

TIPP

Ein Dünger ist immer nur so gut wie seine Verfügbarkeit, das heißt, nur in einem feuchten Boden können die Nährstoffe zu den Wurzeln transportiert werden. Nach dem Düngen empfiehlt sich also immer auch ein mäßiges Wässern.

Mulchen

Falls Sie im Rosenbeet eine Mulchschicht aus grobem Kompost, Stroh, Holzhäcksel oder Rinde ausbringen, dann bedenken Sie, dass solches Material von Mikroorganismen zersetzt wird, die dafür eine Menge Stickstoff verbrauchen. Mulchen heißt also immer, verstärkt zu düngen.

DÜNGEKALENDER FÜR ROSEN AB DEM ZWEITEN STANDJAHR

Düngeform	Jan	Feb	Mär	Apr	Mai	Jun	Jul	Aug	Sep	Okt	Nov	Dez
Organischer Dünger		Kompost, Rinderdung, Hornspäne	Kompost, Rinderdung, Hornspäne		Kompost	Kompost				Kompost, Rinderdung, Hornspäne	Kompost, Rinderdung, Hornspäne	
Mineralischer Dünger – Kurzzeit –			Volldünger	Volldünger		Volldünger	Volldünger	Kalidünger	Kalidünger			
Mineralischer Dünger – Langzeit –			Volldünger									
Rosen-Spezial-Dünger (Organisch-mineralisch)			Volldünger	Volldünger	Volldünger	Volldünger						

Ein Kasten bezieht sich immer auf eine Düngergabe während der jeweiligen Periode. Dabei folgen Sie bitte den Mengenangaben des Herstellers auf der Packung.
Bei rein organischer Düngung reicht Kompost selten aus, um den hohen Nährstoffbedarf von Rosen zu decken – eine Gabe Hornspäne oder Rinderdung im Herbst und/oder Frühjahr ist zu empfehlen.
Selbstverständlich ist auch eine Kombination verschiedener Düngeformen möglich, so zum Beispiel Kompost und mineralischer Dünger.

Schnitt

Ein regelmäßiger Rückschnitt ist für die Rosen sehr wichtig, wenn Wert auf eine üppige Blüte gelegt wird. Die Erfahrung zeigt, dass viele Gartenfreunde mit der Rosenschere eher zaghaft umgehen – vielleicht, weil sie meinen, der Rose mit zu starkem Schnitt zu schaden und so weniger Blüten zu bekommen. Das Gegenteil ist aber der Fall, denn auch Mutter Natur hat für die Rosen einen Rückschnitt vorgesehen. In freier Natur sind die Rosen oft Waldrandgehölze und werden dort im Winter gerne vom Rehwild zurückgebissen. Die Pflanzen werden dadurch verjüngt und treiben im Frühjahr kräftig neu aus.

Der beste Zeitpunkt

Ein Herbstschnitt ist bei Rosen nicht ratsam, denn er würde die Gefahr von Frostschäden unnötig erhöhen. Wer „Ordnung" im Garten möchte, der kann Verblühtes oder Fruchtstände an den Triebspitzen einkürzen, bedenken Sie aber, dass die Hagebutten auch Vögeln als Winternahrung dienen.
Der eigentliche Rückschnitt wird im Frühjahr vor dem Austrieb vorgenommen. Der beste Zeitpunkt dafür kann je nach Region und Witterung etwas verschieden sein, liegt meist aber Ende März/Anfang April, wenn die Knospen zu schwellen beginnen. Ein guter Anhaltspunkt kann dabei die Forsythienblüte sein.

Rückschnitt von Beet- und Edelrosen

Unsere modernen Beet- und Edelrosen gehören ausnahmslos zu den öfterblühenden Sorten, das heißt, sie bilden auch an den einjährigen Trieben Blüten. Bei ihnen ist deshalb ein kräftiger Rückschnitt erforderlich, der die Pflanzen verjüngt und einen kräftigen Neuaustrieb

Schnittführung: Der Schnitt sollte immer mit einer scharfen Rosenschere etwa einen halben Zentimeter oberhalb einer Blattknospe ausgeführt werden. Schneidet man dichter am Auge, so kann dieses verletzt werden. Ein stumpfes Schnittwerkzeug verursacht grobe Wunden, die dann Eintrittsstellen für Schaderreger sein können.

zur Folge hat. Man stutzt sie dabei auf etwa ein Drittel ihrer normalen Wuchshöhe, also auf 20 bis 30 cm. Dabei lässt man die kräftigen, gesunden Triebe stehen und entfernt totes und schwächliches Holz. Es gilt die Regel: Je tiefer der Rückschnitt, umso weniger, dafür aber stärkere Triebe bekommt man.

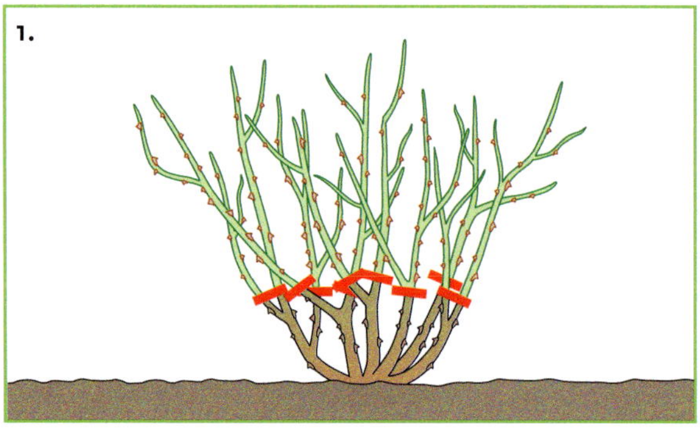

Je kräftiger der Rückschnitt bei Beet-, Edel- und Zwergrosen vorgenommen wird, desto wüchsiger und blühwilliger sind die jungen Triebe, die sich aus den Augen an den Schnittstellen entwickeln.

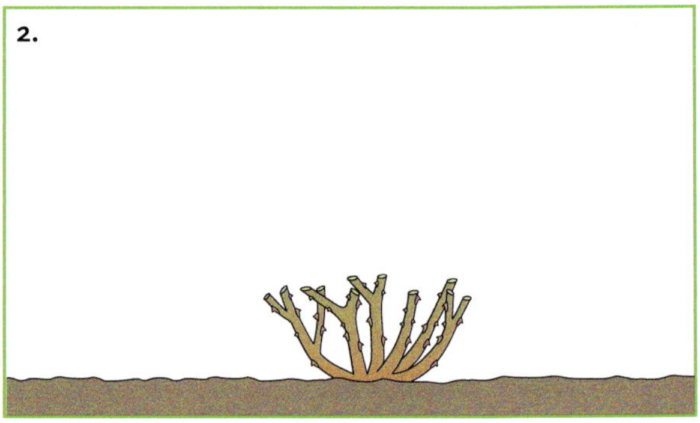

Beet-, Edel- und Zwergrosen werden etwa auf ein Drittel ihrer Wuchshöhe eingekürzt, also auf 20 bis 30 cm. Dabei sollte altes und abgestorbenes Holz sorgfältig entfernt werden.

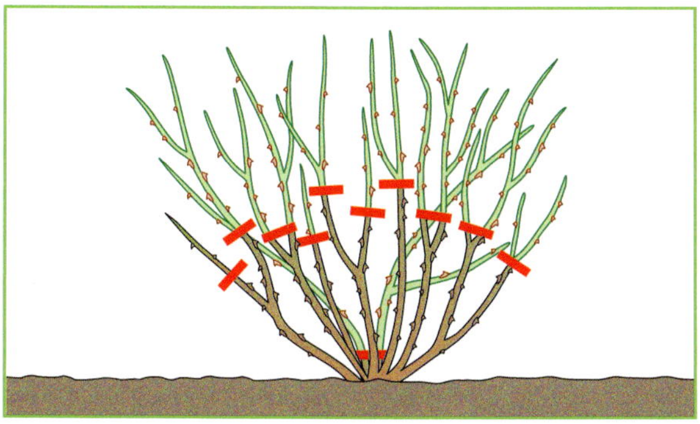

Die öfterblühenden Strauchrosen, die ebenfalls am einjährigen Holz blühen, werden im Frühjahr auf etwa die Hälfte ihrer vorherigen Wuchshöhe zurückgeschnitten. Dabei sollten dünnes Holz sowie sehr alte, „vergreiste" Triebe direkt über dem Boden entfernt werden. Die Pflanze verjüngt sich so selbstständig.

Einmalblühende Strauchrosen werden im Gegensatz zu den öfterblühenden Sorten gleich nach der Blüte ausgelichtet, da ein kräftiger Rückschnitt im Frühjahr die Blühleistung im folgenden Sommer stark abschwächen würde. Junge Triebe bleiben erhalten, während man altes Holz reduziert.

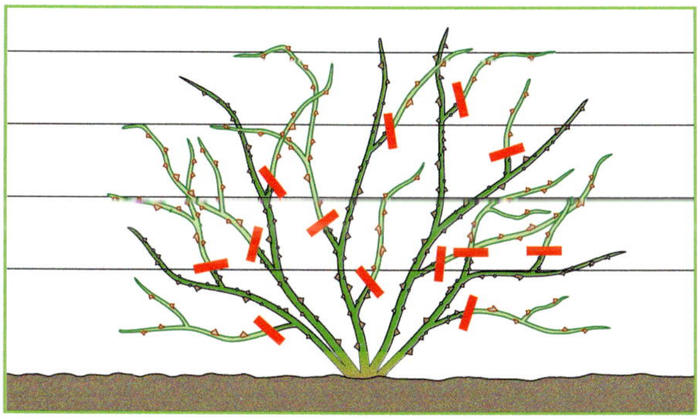

Ein moderater Rückschnitt im Frühjahr sorgt bei öfterblühenden Kletterrosen für einen reichen Blütenflor im folgenden Sommer. Junge, kräftige Triebe werden dabei erhalten, vergreistes Holz weggenommen.

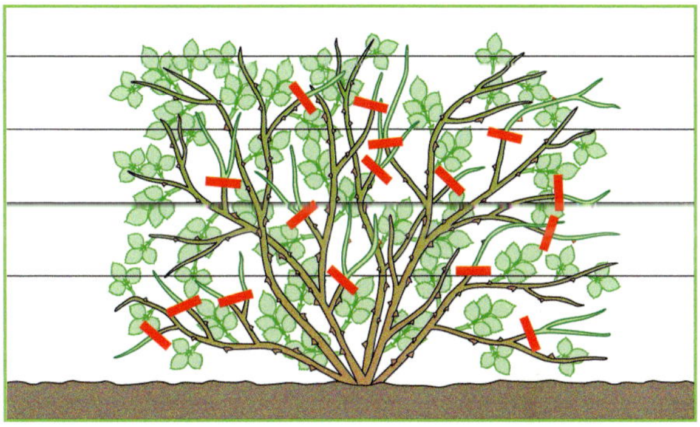

Ein scharfer Rückschnitt im Frühjahr würde bei einmalblühenden Kletterrosen-Sorten die Blüten des folgenden Jahres kosten. Sie werden deshalb im Sommer nach der Blüte vorsichtig ausgelichtet.

Rückschnitt von Strauchrosen

Öfterblühende Strauchrosen finden im Garten vielseitige Verwendung – im Einzelstand, in kleinen Gruppen oder auch als Hecken. Mit der richtigen Schnittmaßnahme kann man den Wuchs der Pflanze dem Verwendungszweck gut anpassen. Ein kräftiger Rückschnitt, wie bei Beetrosen, formt die Pflanze zu einem kompakten Strauch, während ein leichter Schnitt über Jahre zu einer stattlichen Höhe führen kann.

Etwas mehr Sorgfalt bei den Schnittmaßnahmen erfordert die Pflege der einmalblühenden Strauchrosen, zu denen man auch die meisten der historischen Rosen zählen kann. Die jungen, einjährigen Triebe blühen bei diesen Sorten nicht, sondern erst die Kurztriebe, die sich im Folgejahr entwickeln. Ein kräftiger Rückschnitt würde bei diesem Typ von Rosen also die folgende Blüte stark reduzieren. Ganz ungeschnitten sollten aber auch diese Rosen nicht bleiben, da sie sonst im Laufe der Jahre überaltern und dabei blühfaul werden.

So sollte man die Pflanzen regelmäßig im Sommer nach der Blüte auslichten und dabei totes und krankes Holz entfernen. Nimmt man alle paar Jahre alte,

„vergreiste“ Triebe heraus, so hilft man der Pflanze, sich selbst zu verjüngen und dabei wüchsig zu bleiben.

Rückschnitt von Kletterrosen

Wie bei den Strauchrosen, so muss man auch bei den Kletterrosen zwischen einmal- und öfterblühenden Sorten unterscheiden.

Viele der starktriebigen, großblumigen „Climber“ sind öfterblühend, während die meisten der dünntriebigen, in reichen Dolden blühenden „Rambler“ nur einmal pro Jahr in Blüte kommen. Ausnahmen gibt es allerdings in beiden Gruppen.

Öfterblühende Kletterrosen-Sorten können relativ hart geschnitten werden – dabei lässt man Langtriebe stehen und kürzt die Kurztriebe ein. Als Grundregel gilt dabei, dass immer junges Holz Vorrang vor dem alten hat, da so die Pflanze wüchsig gehalten wird.

Einmalblühende Kletterrosen sind ein Sonderfall. Bei ihnen liegt der optimale Schnittzeitpunkt im Sommer unmittelbar nach der Blüte. So kann sich noch neues Blütenholz für das Folgejahr entwickeln.

Bei frei stehenden Kletterrosen treten leider häufig Frostschäden auf. Triebe mit solchen Verletzungen sollten immer entfernt werden, da sie später kümmern und nur eine schwache Blüte zeigen.

Rückschnitt von Kleinstrauchrosen

Die Kleinstrauchrosen, zu denen auch die ganz flach wachsenden Bodendeckerrosen gehören, müssen nicht unbedingt in jedem Jahr zurückgeschnitten werden. Stehen nur wenige Pflanzen in einem gemischten Beet mit Stauden, dann behandeln Sie sie wie bei den Beet- und Edelrosen beschrieben. Sind sie aber flächig angelegt, dann reicht es, wenn Sie sich alle zwei oder drei Jahre an die Arbeit machen. Länger sollten Sie aber doch nicht warten, da die Pflanzen sonst vergreisen, sich gegenseitig hochschieben und bald zu einem unentwirrbaren Dickicht heranwachsen. Im öffentlichen Grün rücken die Gärtner diesen Rosen nicht selten mit mechanischen Heckenscheren zu Leibe. Wenn Sie in Ihrem Garten nicht zu solch rabiaten Methoden greifen wollen, tut es natürlich auch die gute alte Rosenschere – die robusten Sorten vertragen jedenfalls einiges.

Rückschnitt von Stammrosen

Auf Stammrosen sind je nach Höhe des Stämmchens verschiedene Rosentypen veredelt. So findet man auf den kurzen Fußstämmchen Zwergrosen, auf Hochstämmen Beet- oder Edelrosen und auf den langen Trauer- oder Kaskadenstämmen kräftig wachsende Bodendecker-Sorten oder auch Kletterrosen. Der Schnitt dieser Rosenstämmchen orientiert sich immer an dem verwendeten Typ (siehe Abbildung unten).

Hochstammrosen sind eigentlich auf Stämmchen veredelte Beet-, Edel- oder auch Zwergrosen – sie werden deshalb nach denselben Regeln wie diese geschnitten. Im Frühjahr werden die Triebe auf ein Drittel ihrer vorherigen Länge eingekürzt. Achten Sie besonders auf einen gleichmäßigen Aufbau der Krone.

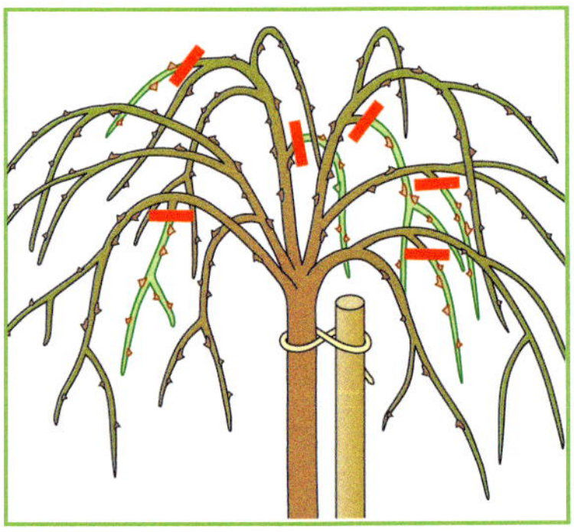

Bei Trauerstämmen – auch Kaskadenrosen genannt – sind Kletterrosen oder starkwüchsige Bodendecker auf Stamm veredelt. Bei dieser Form sollte sich der Rückschnitt auf ein kräftiges Auslichten im Frühjahr beschränken, um den bogig überhängenden Wuchscharakter zu erhalten.

Sommerpflege

WERKZEUGE

Zum Sommerschnitt der öfterblühenden Rosen reicht eine gut geschärfte Rosenschere völlig aus. Stumpfes Werkzeug verursacht grobe Wunden, die schlechter verheilen und den Befall mit Krankheitserregern fördern. Ebenfalls im Sommer steht das Auslichten der einmalblühenden Strauch- und Kletterrosen an. Falls dabei kräftige Triebe anfallen, kann eine Astschere oder kleine Säge durchaus nützlich sein.

Besonders Rosen mit stark gefüllten Blüten neigen nach Regenfällen zu verklebten Blüten. Jeden Rosenfreund drängt es dann, dieses unschöne Erscheinungsbild, das man auch Mumienbildung nennt, mit der Rosenschere zu beseitigen. Andere Rosentypen neigen nach dem Verblühen zur Bildung von Hagebutten, was aus der Sicht von Mutter Natur Sinn macht, da die Pflanze sich vermehren soll und die Früchte außerdem Nahrungsquelle für Vögel und andere Tiere sind. Der Nachteil ist aber, dass der nächste Blütenflor im gleichen Jahr sehr viel länger auf sich warten lässt und deutlich schwächer ausfällt.

Sommerschnitt

Wenn Sie also den Vögeln ihre vitaminreiche Kost gönnen und Freude am Schmuck der roten Hagebutten haben, dann lassen Sie die Pflanze wie sie ist. Wollen Sie aber noch mehr Blüten sehen, dann ist Zeit für den Sommerschnitt.
Hierbei wird nicht, wie beim Winterschnitt, die ganze Pflanze auf einmal geschnitten, sondern nur von Zeit zu Zeit das Verblühte entfernt, so dass die Rosen niemals ganz ohne Blüten sind.

Wildtriebe

Die meisten der im Handel erhältlichen Rosen sind durch Okulation vermehrt (siehe Seite 66/67) und wachsen deshalb auf einer sogenannten Unterlage. Gelegentlich kann es vorkommen, dass die als Unterlage dienende Wildrose aus der Wurzel einen Trieb entwickelt.

1. Wildtriebe bilden sich aus der Wurzel der Unterlage und nehmen der Edelrose die Wuchskraft.

2. Anschließend wird der Wildtrieb so dicht wie möglich am Wurzelhals abgeschnitten.

Bei Beetrosen schneidet man zunächst die verblühten Einzelblüten aus. Ist sie ausgeblüht, setzt man die Schere unterhalb der Blütendolde direkt über dem ersten Laubblatt an.

Bei den Edelrosen, die meist immer nur eine Blüte pro Stiel ausbilden, schneidet man etwas tiefer, bis auf das erste voll ausgebildete Fiederblatt zurück.

Diese sogenannten „Wildtriebe“ nehmen der veredelten Sorte Kraft und können schließlich die ganze Pflanze überwachsen, wenn sie nicht entfernt werden.

Pflanzenschutz

Das beste Mittel, mit Rosen Erfolg zu haben, ist nicht etwa die Giftspritze sondern die richtige Sortenwahl. Das Image der „empfindlichen Diva“ hat die Rose aus einer Zeit, als die Gesundheit bei Rosenzüchtern nicht das wichtigste Ziel war und es eine reiche Auswahl an Spritzmitteln gab. Die umweltschädlichsten Chemikalien früherer Tage sind zwar heute vom Markt genommen, aber auch die meisten Züchter haben sich in der Zwischenzeit auf die Entwicklung neuer, blattgesunder Sorten konzentriert.

Pilzliche Schaderreger an der Rose

Keine Rose ist völlig immun gegen Pilzkrankheiten. Viele der neueren Sorten werden aber so wenig befallen, dass man auch gut ohne die Hilfe von Spritzmitteln zurechtkommt.
Eine Hilfe bei der Auswahl besonders widerstandsfähiger Sorten kann das bereits erwähnte ADR-Prädikat (siehe Seite 55) sein. Auch geben die Kataloge der meisten Rosenanbieter heute ehrlich Auskunft über die

KRANKHEIT	Sternrußtau	Echter Mehltau	Rosenrost	Falscher Mehltau
Schadbild	sternförmige schwarze Flecken auf Blättern, Gelbfärbung, Blattfall	mehlig weißer Belag auf jungen Blättern und Triebspitzen	im Frühjahr orangerote, im Herbst schwarze Pusteln an Blattunterseite	rötliche Flecken Mattoberseits; auch an jungen Trieben, selten Blattfall
Befall	besonders in regenreichen Perioden, Infektion durch Spritzwasser vom Boden	besonders in trockenen Perioden bei warmen Tagen und kühlen Nächten	bei feuchtwarmer Witterung, Befall kann von Jahr zu Jahr stark schwanken	während regenreicher Perioden, bei anhaltend feuchtwarmer Witterung
Vorbeugung	Sortenwahl, ausgewogene Düngung, gut durchlüfteter Standort, befallenes Laub beseitigen	Sortenwahl, Überdüngung vermeiden, für gut durchlüfteten Standort sorgen	Sortenwahl, ausgewogene Düngung, gut durchlüfteter Standort, befallenes Laub beseitigen	Sortenwahl, ausgewogene Düngung, gut durchlüfteter Standort, befallenes Laub beseitigen
Bekämpfung	– Baymat WG – Pilzfrei Ectivo – Rosen-Pilzfrei Saprol	– BioBlatt-Mehltaumittel – Cueva Pilzfrei – Netz-Schwefelit WG	– Polyram WG – Cueva Pilzfrei – Maneb WP	– Aliette WG – Pilzfrei Dithane – Polyram WG

Blattgesundheit ihrer Sorten, so dass eine entsprechende Auswahl möglich ist. Ein optimaler Rosenstandort und ausgewogene Düngung tun ihr übriges, die Rose gesund zu halten.
Nimmt der Befall bei empfindlichen Sorten doch einmal überhand, so stehen dem umweltbewussten Gartenfreund heute eine Reihe von nützlingsschonenden beziehungsweise biologischen Pflanzenschutzmitteln zur Verfügung.

Tierische Schädlinge

Gegen tierische Schädlinge hat die Züchtung noch keine Lösung gefunden. Ein Befall ist oft sehr von der Witterung abhängig und kann im Verlauf von Jahren stark schwanken. Oft hilft schon ein wenig Geduld und das natürliche Gleichgewicht stellt sich von selbst wieder ein. Sollte das nicht passieren und der Schaden zu groß werden, dann hilft doch nur der Einsatz von (nützlingsschonenden) Spritzmitteln.

Beim Einsatz chemischer Pflanzenschutzmittel folgen Sie bitte genauestens den Anweisungen des Herstellers und vermeiden Sie wiederholtes Anwenden desselben Mittels, um der Bildung von Resistenzen beim Schaderreger vorzubeugen. Die Zulassungssituation chemischer Pflanzenschutzmittel ändert sich ständig – für die unten genannten Mittel gilt der aktuelle Stand von April 2006.
Für weitere Informationen wenden Sie sich bitte an den Fachhandel und an die Pflanzenschutzämter.

Ringfleckenkrankheit	**Botrytis**	**Blattläuse**	**Spinnmilben**	**Rosentriebbohrer**
rötliche, runde Flecke auf der Blattoberseite, die in der Mitte absterben	Faulstellen an Blüten und Knospen, gräulicher Pilzrasen (Grauschimmel)	verkrüppelte Blätter und Triebspitzen, klebrige Ausscheidungen („Honigtau“)	Tiere saugen an Blattunterseite, Oberseite gesprenkelt, später vergilbt, Gespinste	welkende Triebe mit kleinen Fraßgängen (abwärts oder aufwärts steigend)
bei anhaltend feuchtwarmer Witterung, besonders an Kletter- und Strauchrosen	während regenreicher Perioden, bei anhaltend feuchtwarmer Witterung	besonders bei warmer Witterung im Frühjahr explosionsartige Vermehrung	in Perioden niedriger Luftfeuchtigkeit, trockene Standorte an Terrassen, Wegen oder Wänden sind besonders gefährdet	kann sporadisch in großen Mengen auftreten, wenn Lebensbedingungen optimal sind
für gut durchlüfteten Standort sorgen, befallenes Laub beseitigen	befallene Blüten und Knospen frühzeitig beseitigen	ausgewogene Düngung, Förderung von Nützlingen und natürlichen Gegenspielern im Hausgarten	trockene Standorte mit hoher Wärmeeinstrahlung vermeiden, auf ausreichende Bewässerung achten	Vorbeugung schwierig, befallene Triebe abschneiden und vernichten – nicht auf den Kompost geben
– Polyram WG – Fungisan-Rosen-Pilzfrei – Pilzfrei Saprol Neu AF	– Euparen M WG – Ortiva-Rosen-Pilzschutz – Teldor	– Neudosan Neu – Spruzit Schädlingsfrei – Neem Azal-T/S	– Elefant Sommeröl – Neudosan Neu – Promanal Austriebsspritzmittel	– Neem Azal-T/S

Vermehrung

Eine Wildrose in der freien Natur vermehrt ihre Art über Samen aus ihren Früchten, den Hagebutten, die meist von Vögeln verbreitet werden. Für eine gezüchtete Rose, die man sortenecht vermehren möchte, ist diese natürliche Methode ungeeignet. Bei jeder Bestäubung, sei es durch eine Biene oder von Menschenhand, wird das Erbgut von der Saatpflanze (= Mutter) und dem Pollenspender (= Vater) neu gemischt. Deshalb kann ein Sämling nie wie seine Mutter aussehen, sondern stellt immer eine Mischung der Eigenschaften von Mutter und Vater dar und ist damit eine neue Sorte. Bleibt also die vegetative Vermehrung über das Wachstum der Pflanze.

Stecklingsvermehrung

Die für den Freizeitgärtner am besten geeignete Methode ist hier die Vermehrung über Stecklinge. Sie erweist sich bei vielen Rosengruppen wie Beet-, Kleinstrauch- oder Kletterrosen als problemlos, lediglich die meisten der Edelrosen bewurzeln nur widerwillig oder zeigen anschließend ein schwaches Wachstum. Stecklinge schneidet man am besten im Juni und wählt dabei Stücke eines Triebs der Mutterpflanze, dessen Knospe schon Farbe zeigt, aber noch nicht voll aufgeblüht ist. Dieser Trieb ist ausgereift, aber noch nicht zu sehr verholzt. Ungeeignet ist die weiche Triebspitze mit den 3-er-Fiederblättchen.

Stecklingsvermehrung
1. Am besten bewurzeln Stecklinge von jungen Trieben, deren Blüten gerade beginnen Farbe zu zeigen.

Veredlung von Rosen

In der gewerblichen Anzucht von Rosen kommt in den meisten Fällen noch immer Vermehrung durch Veredlung auf eine sogenannte Unterlage zum Einsatz. Die am häufigsten genutzte Methode nennt man Okulieren (lateinisch oculus = das Auge), weil hierbei eine Knospe (ein Auge) der Edelsorte auf den Wurzelhals der Unterlage veredelt wird. Als Unterlage dienen Sämlinge von Wildrosen, wie zum Beispiel der Hundsrose (*Rosa canina*), die deshalb von Rosengärtnern auch als „Wildlinge“ bezeichnet werden.
Das Veredeln hat den Vorteil, dass so auch Sorten vermehrt werden können, die nur schwer eigene Wurzeln bilden. Außer-

Okulation: 1. Am frei gelegten Wurzelhals der Unterlage wird mit einem speziellen Okulationsmesser der T-Schnitt ausgeführt.

2. Unter die aufgeklappte Rinde der Unterlage wird vorsichtig das zuvor ausgeschnittene Auge der Edelsorte geschoben.

3. Die Lasche am eingesetzten Auge wurde entfernt und es passt genau in den T-Schnitt an der Unterlage.

2. Der Steckling wird auf eine Länge von etwa 3 cm geschnitten und behält ein Fiederblatt. Nach dem Stecken die Töpfe bitte leicht angießen.

3. Um sie vor Verdunstung zu schützen, werden die Stecklinge anschließend mit Plastikfolie abgedeckt, bis sie neue Wurzeln gebildet haben.

4. Nach etwa 14 Tagen hat sich der Steckling bewurzelt und die Blattachselknospe beginnt auszutreiben. Jetzt kann die Folie entfernt werden.

dem erhält man eine sehr gleichmäßige Pflanzenqualität mit zuverlässiger Frosthärte unabhängig von den eigentlichen Sorteneigenschaften.
Die meisten Rosensorten zeigen veredelt auf eine Unterlage ein stärkeres Wachstum, es gibt aber auch Beispiele für das Gegenteil.
Für den ungeübten Hobbygärtner ist die Methode der Okulation nur bedingt zu empfehlen, da hierzu eine fundierte Ausbildung und sehr viel Fingerspitzengefühl nötig ist.
Die im Jahr zuvor aufgeschulten Wildlinge können je nach Region von Mitte Juni bis Ende August okuliert werden. Hierzu wird der Wurzelhals der etwa fingerdicken Unterlagen freigelegt und ihre Rinde mit einem sogenannten T-Schnitt geöffnet. In diesen wird vorsichtig eine Blattachselknospe der Edelsorte eingeführt. Früher wurde die Veredlungsstelle mit Bast verbunden, heute mit Schnellverschlüssen aus Gummi. Wichtig ist, dass kein Schmutz oder Wasser in die Wunde gelangen kann und so das eingesetzte Auge mit der Unterlage zusammenwächst.
Über Winter werden die noch „schlafenden Augen" durch Anhäufeln mit Erde vor Frost geschützt. Später im Frühjahr wird knapp über der Veredlungsstelle der Busch des Wildlings „abgeworfen". Der Wildrose bleibt nun als einzige Möglichkeit auszutreiben – eine neue Lebensgemeinschaft ist entstanden mit der Edelsorte auf fremder Wurzel.

4. Zum Schutz vor Schmutz und Feuchtigkeit wird die Veredlungsstelle mit einem Okulationsgummi verschlossen.

5. Im Frühjahr wird der Busch des Wildlings „abgeworfen". So nennt man diesen Vorgang in der „Gärtnersprache".

6. Nun bleibt der Unterlage nur die Möglichkeit über das Auge der Edelsorte auszutreiben. – Eine neue Lebensgemeinschaft ist entstanden.

Winterschutz

Unter Anhäufeln versteht man das Abdecken der Rosen mit einem 15 bis 20 cm hohen Erdhügel. Dazu kann die Erde neben der Pflanze oder auch Kompost genutzt werden.

Obwohl die Winter in einigen Regionen unseres Landes immer milder zu werden scheinen, so sind doch einige Winterschutzmaßnahmen unumgänglich, um auf der sicheren Seite zu sein. Mangelnde Vorbeugung kann einige Jahre ohne Folgen bleiben und dann doch einmal sämtliche Rosen vernichten.

Schutz vor Frost durch Anhäufeln

Den ersten Schritt zum Schutz der Rose vor dem Erfrieren haben Sie schon beim fachgerechten Pflanzen getan (siehe Seite 56/57). Ist die Veredlungsstelle weit genug unter der Bodenoberfläche, wird die Pflanze niemals ganz absterben. Als zusätzliche Maßnahme empfiehlt sich aber besonders bei Beet- und Edelrosen ein Anhäufeln der Pflanzen mit Gartenerde oder abgelagertem Kompost.

Das Abdecken mit Zweigen von Tannen oder Fichten soll die Edelrosen an klaren Wintertagen schattieren und so vor starker Sonneneinstrahlung schützen. Besonders bei gefrorenem Boden können die Wurzeln der Pflanze nicht arbeiten und die Triebe werden durch die Sonne ausgetrocknet.

Kletterrosen an Wänden kann man ganz bequem vor Frost und Sonne schützen, indem man Strohmatten davor stellt und diese sorgfältig anbindet, damit starker Wind sie nicht forttragen kann.

Dieser Schutz kann in einigen Gegenden schon früh, im Oktober, sinnvoll sein und sollte nicht vor April entfernt werden, denn in Phasen, in denen sich noch beziehungsweise wieder Saft in den Trieben der Pflanze befindet, sind diese besonders empfindlich.

Schutz vor Austrocknung durch Abdecken

Viel gefährlicher als die tiefen Temperaturen wird den Rosen im Winter aber meist die Sonne und der Wind. An klaren Wintertagen im Januar/Februar, wenn der Boden tief gefroren ist, verdunstet aus den Trieben Feuchtigkeit, die von den Wurzeln im gefrorenen Boden nicht ersetzt werden kann. Man nennt diesen Vorgang auch Frosttrocknis, weil die Rose eigentlich vertrocknet und nicht erfriert.

Abhilfe schafft ein Abdecken der Pflanzen mit Trieben von Fichte oder Tanne, um die Triebe vor der starken Sonneneinstrahlung zu schützen. Dieser Winterschutz kann in den meisten Gegenden schon im März wieder entfernt werden.

Winterschutz bei Kletterrosen

Ein Frostschaden bei Beet- oder Edelrosen, die sowieso im Frühjahr hart zurückgeschnitten werden, ist kein großes Dilemma. Viel ärgerlicher ist es, wenn die langen Triebe der Kletterrosen Schaden nehmen und man so einen großen Teil ihrer Blüten verliert. Frei stehende Pflanzen wickelt man deshalb am besten mit Fichtenreisig und Jutegewebe ein. Kletterrosen an Wänden kann man gut mit Strohmatten abdecken.

Rosen-Hochstämme sind im Winter besonders gefährdet und brauchen einen speziellen Schutz. Neben Tannenreisig kann auch ein Jutesack gute Dienste leisten, nie aber sollten luftundurchlässige Plastiktüten verwendet werden.

Erklärung der Symbole
Auf den Seiten 72 bis 131 finden Sie diese Symbole, die folgende Bedeutungen haben.

Blattgesundheit

- (1 Blatt) vorbeugende Behandlung mit zugelassenen Pflanzenschutzmitteln nötig, um ein sortentypisches Wachstum zu erzielen
- (2 Blätter) einmalige Behandlung mit den im ökologischen Anbau zugelassenen Mitteln ausreichend
- (3 Blätter) keine Pflanzenschutzmittelbehandlung erforderlich; unter ungünstigen Witterungs- und Standortbedingungen zeitweiser Befall möglich
- (4 Blätter) höchste Blattgesundheit; auch unter ungünstigen Witterungs- und Standortbedingungen kein oder nur selten Befall

Wuchsform

- flach niederliegender Wuchs
- breitaufrecht wachsend
- straff aufrecht wachsend
- bogig überhängend wachsend
- Kletterrose

Wichtig:
Die meisten Sorten unterliegen einem Sorten- und/oder Markenschutz und dürfen ohne Genehmigung des Züchters nicht vermehrt werden.

Die besten Rosen für Ihren Garten

Beetrosen

Beetrosen stellen die klassische Bepflanzung für das Blumenbeet dar. Unter dem Sammelbegriff „Beetrosen" werden verschiedene Sortengruppen zusammengefasst, wie die kleinblütigen Polyantha- oder die moderneren Floribunda-Rosen mit größeren Blüten, denen die meisten der aktuellen Sorten zugeordnet werden können. Der besondere Vorteil der Beetrosen ist, dass sie in der Regel sehr frosthart sind und neuere Sorten sich in der Regel durch eine hohe Widerstandsfähigkeit gegenüber Blattkrankheiten auszeichnen. Die meisten Beetrosen bleiben mit einer Höhe von etwa 70 bis 80 cm eher niedrig und wachsen dabei buschig aufrecht. Ihre Blüten erscheinen immer in reichen Dolden, wobei die Anzahl der Blütenblätter ganz verschieden sein kann – von der offenen Schale bis zur dicht gefüllten Rosetten-Blüte. Leider duften die wenigsten Beetrosen intensiv. Bei einer reinen Rosenpflanzung kommt die farbliche Fernwirkung von Beetrosen am besten zur Geltung, wenn man sie in kleinen Gruppen oder beetweise pflanzt. Wer auf formale Rosenbeete verzichten möchte, findet unter den Beetrosen auch ideale Kandidaten für gemischte Pflanzungen mit Stauden oder anderen Begleitpflanzen.

Amber Queen®

Blüte: goldgelb oder bernsteinfarben, stark gefüllt, rundlich
Duft: angenehm
Wuchs: 40 cm bis 60 cm hoch, aufrecht buschig, niedrig bleibend
Blattgesundheit: bis
Kübel: ✔
Herkunft: Züchter Harkness, 1984 eingeführt
Besonderes: hitzeverträglich, auffällige Blätter

Andalusien®

Blüte: leuchtend blutrot, halb gefüllt
Wuchs: bis 60 cm hoch, buschig aufrecht, kräftig
Blattgesundheit: bis
Herkunft: Züchter W. Kordes' Söhne, 1972 eingeführt
Besonderes: hitzeverträglich, auch für raue Lagen, leuchtende Blütenfarbe

Apricot Meilove®

Blüte: bernsteingelb
Duft: zart
Wuchs: 40 cm bis 50 cm hoch, buschig-kompakt
Blattgesundheit: bis
Kübel: ✔
Herkunft: Züchter Meilland, 2005 eingeführt
Besonderes: attraktive Blütenfarbe, ideal für Pflanzgefäße

Aprikola® ADR 2001

Blüte: aprikosengelb bis leicht rosa im Verblühen, gefüllt, Knospe orangegelb
Duft: zart
Wuchs: 70 cm bis 80 cm hoch, buschig aufrecht
Blattgesundheit: bis
Kübel: ✔
Herkunft: Züchter W. Kordes' Söhne, 2000 eingeführt
Besonderes: sehr reichblühend, hitzeverträglich, regenfest, attraktiver Farbton

Bad Birnbach® ADR 2000

Blüte: leuchtend lachsrosa, halb gefüllt
Duft: zart
Wuchs: 40 cm bis 50 cm hoch, breit buschig, kompakt
Blattgesundheit: 🍃🍃🍃 bis 🍃🍃🍃🍃
Kübel: ✔
Herkunft: Züchter W. Kordes' Söhne, 1999 eingeführt
Besonderes: reichblühend, auch für flächige Pflanzungen

Bad Wörishofen 2005®

Blüte: karminrosa, halb gefüllt
Wuchs: 60 cm hoch und breit
Blattgesundheit: 🍃🍃🍃 bis 🍃🍃🍃🍃
Kübel: ✔
Herkunft: Züchter W. Kordes' Söhne, 2005 eingeführt
Besonderes: reichblühend, auch für flächige Pflanzungen verwendbar, hitzeverträglich

Ballade®

Blüte: hellrosa, gefüllt, mittelgroß, schalenförmig
Wuchs: 60 cm bis 70 cm hoch, buschig aufrecht, kompakt wachsend
Blattgesundheit: 🍃🍃🍃
Herkunft: Züchter Rosen Tantau, 1991 eingeführt
Besonderes: hitzeverträglich, reichblühend

Banquet®

Blüte: zart lachsfarben, gefüllt
Wuchs: bis 60 cm hoch, niedrig bleibend
Blattgesundheit: 🍃🍃🍃
Kübel: ✔
Herkunft: Züchter Noack/Hofmann, 2001 eingeführt
Besonderes: hitzeverträglich, lang haftendes Laub

Bayerngold®

Blüte: reingelb
Wuchs: 40 cm bis 50 cm hoch, kompakt
Blattgesundheit: 🍃🍃 bis 🍃🍃🍃
Kübel: ✔
Herkunft: Züchter Tantau, 1990 eingeführt
Besonderes: reichblühend, glänzende Belaubung

Benita®

Blüte: dunkelgelb, halb gefüllt, herzförmige Blütenblätter
Duft: zart
Wuchs: bis 70 cm hoch, aufrecht buschig
Blattgesundheit: 🍃🍃 bis 🍃🍃🍃
Kübel: ✔
Herkunft: Züchter A. Dickson, 1995 eingeführt
Besonderes: hitzeverträglich, warmer Farbton, reichblühend

Bernd Weigel Rose®

Blüte: hellrosa bis rosa, halb gefüllt
Duft: zart
Wuchs: 50 cm bis 70 cm hoch, stark buschig
Blattgesundheit: 🍃🍃🍃 bis 🍃🍃🍃🍃
Kübel: ✔
Herkunft: Züchter Rosen Tantau, 2003 eingeführt
Besonderes: früh und überreich blühend, hitzeverträglich

Bernstein-Rose®

Blüte: bernsteingelb, gefüllt
Duft: zart
Wuchs: bis 60 cm hoch, kompakt buschig
Blattgesundheit: 🍃🍃 bis 🍃🍃🍃
Kübel: ✔
Herkunft: Züchter Rosen Tantau, 1987 eingeführt
Besonderes: regenfest, eine der frühesten Sorten, verträgt weder Hitze noch starken Rückschnitt

Bonica® 82 ADR 1982

Blüte: hellrosa, gefüllt
Wuchs: bis 80 cm hoch, aufrecht buschig
Blattgesundheit: 🍃🍃🍃
Kübel: ✔
Herkunft: Züchter Meilland, 1982 eingeführt
Besonderes: reichblühend, hitzeverträglich, regenfest, für extreme Lagen geeignet, auffälliger Fruchtschmuck

Botticelli®

Blüte: lachsrosa, stark gefüllt
Duft: zart
Wuchs: 60 cm bis 70 cm hoch
Blattgesundheit: 🍃🍃🍃
Kübel: ✔
Herkunft: Züchter Meilland, 2004 eingeführt
Besonderes: reichblühend, für flächige Pflanzungen geeignet

Brautzauber® ADR 1999

Blüte: weiß, halb gefüllt
Wuchs: bis 80 cm hoch, buschig
Blattgesundheit: 🍃🍃🍃 bis 🍃🍃🍃🍃
Kübel: ✔
Herkunft: Züchter Noack, 1999 eingeführt
Besonderes: Dauerblüher, auch für flächige Pflanzungen, hitzeverträglich, regenfest, lang haftendes Laub

Canzonetta® ADR 2005

Blüte: leuchtend rot, halb gefüllt
Wuchs: 40 cm bis 50 cm hoch, sehr kompakt
Blattgesundheit: 🍃🍃🍃 bis 🍃🍃🍃🍃
Kübel: ✔
Herkunft: Züchter Noack, 2004 eingeführt
Besonderes: sehr reichblühend, harmonischer Wuchscharakter

Chorus®

Blüte: leuchtend rot, gefüllt
Wuchs: 50 cm bis 70 cm hoch, kräftig, buschig, kompakt wachsend
Blattgesundheit: 🍃🍃 bis 🍃🍃🍃
Kübel: ✔
Herkunft: Züchter Meilland, 1975 eingeführt
Besonderes: leuchtende Blütenfarbe

Crescendo® ADR 2005

Blüte: reinrosa, gefüllt
Wuchs: 60 cm bis 70 cm hoch, buschig aufrecht, stark wachsend
Blattgesundheit: 🍃🍃🍃 bis 🍃🍃🍃🍃
Kübel: ✔
Herkunft: Züchter Noack, 2003 eingeführt
Besonderes: Knospen neigen bei Dauerregen zu Mumienbildung, lang haftendes Laub

Donaugold®

Blüte: leuchtend gelb, mittelgroß
Wuchs: 0,6 m bis 0,8 m hoch, aufrecht, gut verzweigt
Blattgesundheit: 🍃🍃 bis 🍃🍃🍃
Herkunft: Züchter Harkness, 2002 eingeführt
Besonderes: blühreich, regenfest, kaum verblassend

Easy Going®

Blüte: goldgelb, locker gefüllt, meist in Dolden, schlanke, elegante Knospen
Wuchs: 50 cm bis 70 cm hoch, breit buschig
Blattgesundheit: 🍃🍃 bis 🍃🍃🍃
Kübel: ✔
Herkunft: Züchter Harkness, 1999 eingeführt
Besonderes: hitzeverträglich, viele internationale Auszeichnungen

Erfordia®

Blüte: dunkelrot, gefüllt
Wuchs: 70 cm bis 90 cm hoch, aufrecht buschig, stark wüchsig
Blattgesundheit: 🍃🍃 bis 🍃🍃🍃
Herkunft: Züchter Matthews, 2002 eingeführt
Besonderes: reichblühend, geeignet zum Vasenschnitt, hitzeverträglich, Blüten halten lange

Fellowship®

Blüte: leuchtend orangerot, halb gefüllt
Duft: zart
Wuchs: bis 60 cm hoch, aufrecht buschig
Blattgesundheit: 🍃🍃 bis 🍃🍃🍃
Kübel: ✔
Herkunft: Züchter Harkness, 1992 eingeführt
Besonderes: sehr reichblühend, hitzeverträglich, regenfest, auffällige Farbwirkung

Friesia®

Blüte: leuchtend goldgelb, kaum verblassend, halb gefüllt, Blütenblätter entfalten sich spiralig
Duft: kräftig
Wuchs: bis 60 cm hoch, aufrecht buschig
Blattgesundheit: bis
Kübel: ✔
Herkunft: Züchter W. Kordes' Söhne, 1973 eingeführt
Besonderes: frühblühend, hitzeverträglich, wetterfest

Galaxy®

Blüte: pastellgelb mit rosa Schimmer, gefüllt
Duft: zart
Wuchs: 50 cm bis 60 cm hoch, aufrecht, breit buschig
Blattgesundheit: bis
Kübel: ✔
Herkunft: Züchter Meilland, 1995 eingeführt
Besonderes: für alle Klimalagen gut geeignet

Gebrüder Grimm®

Blüte: leuchtend orangerot mit gelber Unterseite, stark gefüllt
Wuchs: 70 cm bis 90 cm hoch, aufrecht
Blattgesundheit: bis
Herkunft: Züchter W. Kordes' Söhne, 2002 eingeführt
Besonderes: hitzeverträglich, nostalgische Blütenform

Geisha®

Blüte: apricot-orange, romantisch, halb gefüllt
Wuchs: 50 cm bis 70 cm hoch, buschig
Blattgesundheit: abschließende Bewertung nicht möglich
Kübel: ✔
Herkunft: Züchter Tantau, 2005 eingeführt
Besonderes: sehr blühstark und gut remontierend

Gelber Engel® ADR 2004

Blüte: hellgelb mit goldgelben Staubgefäßen, halb gefüllt
Duft: zart
Wuchs: 80 cm hoch und 60 cm breit
Blattgesundheit: bis
Herkunft: Züchter W. Kordes' Söhne, 2002 eingeführt
Besonderes: reichblühend, glänzende Belaubung

Goldelse®

Blüte: goldgelb bis kupfrig-orange, stark gefüllt
Duft: zart
Wuchs: bis 60 cm hoch, dicht buschig
Blattgesundheit: bis
Kübel: ✔
Herkunft: Züchter Rosen Tantau, 1999 eingeführt
Besonderes: schöner Kontrast zwischen Blüten und Blättern, hitzeverträglich, kompakter Wuchs

Golden Border®

Blüte: schwefelgelb, stark gefüllt, ballonförmig
Duft: zart
Wuchs: 40 cm bis 50 cm hoch, aufrecht
Blattgesundheit: 🍃🍃🍃
Kübel: ✔
Herkunft: Züchter Verschuren, 1993 eingeführt
Besonderes: auch für flächige Pflanzungen geeignet, niedriger Wuchs

Goldschatz®

Blüte: zartgelb, schalenförmig
Wuchs: bis 70 cm hoch, breit buschig
Blattgesundheit: 🍃🍃 bis 🍃🍃🍃
Kübel: ✔
Herkunft: Züchter Rosen Tantau, 1996 eingeführt
Besonderes: hitzeverträglich, besonders schön bei Sonnenschein

Heidefeuer®

Blüte: leuchtend rot, halb gefüllt
Wuchs: 50 cm bis 60 cm hoch, straff aufrecht
Blattgesundheit: 🍃🍃🍃
Kübel: ✔
Herkunft: Züchter Noack, 1995 eingeführt
Besonderes: hitzeverträglich, regenfest, reichblühend, auch für flächige Pflanzungen

Heimatmelodie®

Blüte: zweifarbig, kirschrot mit weißer Unterseite, gefüllt
Wuchs: 70 cm bis 80 cm hoch, buschig
Blattgesundheit: 🍃🍃 bis 🍃🍃🍃
Herkunft: Züchter Rosen Tantau, 2000 eingeführt
Besonderes: hitzeverträglich, schöner Kontrast zwischen Blüten und Blättern, reichblühend

Home & Garden®

Blüte: reinrosa, im Verblühen heller werdend, stark gefüllt, nostalgische Blütenform
Wuchs: bis 80 cm hoch, aufrecht buschig
Blattgesundheit: 🍃🍃🍃 bis 🍃🍃🍃🍃
Herkunft: Züchter W. Kordes' Söhne, 2001 eingeführt
Besonderes: hitzeverträglich, reichblühend, glänzende Belaubung

Isarperle® ADR 2004

Blüte: creme
Wuchs: 70 cm bis 80 cm hoch, aufrecht buschig
Blattgesundheit: 🍃🍃🍃 bis 🍃🍃🍃🍃
Kübel: ✔
Herkunft: Züchter Noack, 2004 eingeführt
Besonderes: reichblühend, attraktiver Farbton

Johann Strauß®

Blüte: hellrosa, gefüllt, edelrosenartig
Duft: zart
Wuchs: 50 cm bis 70 cm hoch, aufrecht buschig, mittelstark wachsend
Blattgesundheit: 🍃🍃 bis 🍃🍃🍃
Herkunft: Züchter Meilland, 1993 eingeführt
Besonderes: hitzeverträglich, glänzende Belaubung

Jubilee du Prince de Monaco®

Blüte: zweifarbig, weiß mit rotem Rand, gefüllt
Wuchs: 50 cm bis 70 cm hoch, aufrecht buschig
Blattgesundheit: 🍃🍃
Kübel: ✔
Herkunft: Züchter Meilland, 2000 eingeführt
Besonderes: kompakt wachsend, hitzeverträglich

KOSMOS®

Blüte: cremeweiß, stark gefüllt, romantische Form
Duft: zart
Wuchs: 70 cm hoch und 50 cm breit, breit buschig
Blattgesundheit: 🍃🍃🍃 bis 🍃🍃🍃🍃
Kübel: ✔
Herkunft: Züchter W. Kordes' Söhne, 2006 eingeführt
Besonderes: gleichmäßiger Wuchscharakter

Kronjuwel® ADR 1999

Blüte: dunkelrot, leicht gefüllt
Wuchs: bis 60 cm hoch, aufrecht
Blattgesundheit: 🍃🍃🍃 bis 🍃🍃🍃🍃
Kübel: ✔
Herkunft: Züchter Noack, 1997 eingeführt
Besonderes: sehr gut hitzeverträglich, Farbe verbrennt nicht in der Sonne, regenfest

La Paloma® 85

Blüte: reinweiß, gefüllt
Wuchs: bis 60 cm hoch, buschig
Blattgesundheit: 🍃 bis 🍃🍃
Kübel: ✔
Herkunft: Züchter Rosen Tantau, 1985 eingeführt
Besonderes: relativ regenfest und hitzeverträglich

La Sevillana® ADR 1979

Blüte: leuchtend blutrot
Wuchs: bis 60 cm hoch, breit buschig
Blattgesundheit: 🍃🍃🍃
Kübel: ✔
Herkunft: Züchter Meilland,1978 eingeführt
Besonderes: hitzeverträglich und farbstabil

Ledreborg®

Blüte: weiß, stark gefüllt, nostalgische Blütenform
Wuchs: 40 cm bis 60 cm hoch, buschig
Blattgesundheit: bis
Kübel: ✔
Herkunft: Züchter Poulsen, 2001 eingeführt
Besonderes: gleichmäßiger, kompakter Wuchs

Leona® ADR 2002

Blüte: rosa, halb gefüllt
Wuchs: 60 cm bis 70 cm hoch, aufrecht buschig
Blattgesundheit:
Kübel: ✔
Herkunft: Züchter Noack, 2003 eingeführt
Besonderes: hitzeverträglich, regenfest, lange anhaftendes Laub

Leonardo da Vinci®

Blüte: dunkelrosa, dicht gefüllt, im Stil alter Rosen
Duft: zart
Wuchs: 60 cm bis 100 cm hoch, aufrecht buschig
Blattgesundheit: bis
Kübel: ✔
Herkunft: Meilland, 1993 eingeführt
Besonderes: hitzeverträglich, sehr reichblühend, für Vasenschnitt

Lions-Rose® ADR 2002

Blüte: cremeweiß, im Verblühen mit einem Hauch Apricot und Rosa, gefüllt
Duft: zart
Wuchs: 60 cm bis 80 cm hoch, aufrecht buschig
Blattgesundheit:
Kübel: ✔
Herkunft: Züchter W. Kordes' Söhne, 2002 eingeführt
Besonderes: hitzeverträglich, Spende aus Verkauf geht an das Friedensdorf Oberhausen

Lisa®

Blüte: intensiv gelb bis orange, gefüllt
Wuchs: 60 cm bis 70 cm hoch, aufrecht buschig
Blattgesundheit: bis
Kübel: ✔
Herkunft: Züchter Noack, 2003 eingeführt
Besonderes: hitzeverträglich und farbstabil

Loredo® ADR 2001

Blüte: leuchtend gelb, halb gefüllt
Duft: zart
Wuchs: 60 cm bis 70 cm hoch, straff aufrecht
Blattgesundheit:
Kübel: ✔
Herkunft: Züchter Noack, 2002 eingeführt
Besonderes: hitzeverträglich, regenfest, auch für flächige Pflanzungen

Lübecker Rotspon®

Blüte: bordeauxrot, mittelgroß, gefüllt, edelrosenähnlich
Wuchs: 50 cm bis 7 cm hoch, mittelhoch und buschig
Blattgesundheit: bis
Kübel: ✔
Herkunft: Züchter Tantau, 1990 eingeführt
Besonderes: reicher Blütenansatz, üppiges dunkelgrünes Laub

Margaret Merril®

Blüte: perlweiß, gefüllt
Duft: kräftig
Wuchs: 60 cm bis 80 cm hoch, aufrecht
Blattgesundheit: bis
Kübel: ✔
Herkunft: Züchter Harkness, 1977 eingeführt
Besonderes: hitzeverträglich

Mariandel®

Blüte: leuchtendes, dunkles Blutrot, gefüllt
Duft: zart
Wuchs: 50 cm bis 70 cm hoch, buschig, gut nachtreibend, kompakt wachsend
Blattgesundheit:
Kübel: ✔
Herkunft: Züchter W. Kordes' Söhne, 1985 eingeführt
Besonderes: hitzeverträglich, dunkelroter Austrieb

Mariatheresia®

Blüte: zartrosa, stark gefüllt, nostalgische Blütenform
Duft: zart
Wuchs: 70 cm bis 90 cm hoch, buschig aufrecht
Blattgesundheit: bis
Herkunft: Züchter Rosen Tantau, 2003 eingeführt
Besonderes: hitzeverträglich, glänzende Belaubung

Marie Antoinette®

Blüte: elfenbein, dicht gefüllt, schalenförmig
Duft: intensiv
Wuchs: 60 cm bis 80 cm hoch, buschig
Blattgesundheit:
Kübel: ✔
Herkunft: Züchter Rosen Tantau, 2003 eingeführt
Besonderes: sehr reichblühend

Marie Curie®

Blüte: apricot, halb gefüllt
Duft: zart
Wuchs: 40 cm bis 60 cm hoch, breit buschig
Blattgesundheit: bis
Kübel: ✔
Herkunft: Züchter Meilland, 1997 eingeführt
Besonderes: hitzeverträglich, glänzende Belaubung

Maxi Vita® ADR 2000

Blüte: leuchtend orangerosa, mit gelboranger Mitte, halb gefüllt
Wuchs: 60 cm bis 70 cm hoch, mittelstark wachsend
Blattgesundheit: 🍃🍃🍃 bis 🍃🍃🍃🍃
Kübel: ✔
Herkunft: Züchter W. Kordes' Söhne, 2001 eingeführt
Besonderes: hitzeverträglich, reichblühend, auch für flächige Pflanzungen

Mazurka® ADR 1993

Blüte: hellrosa, gefüllt
Wuchs: 50 cm bis 70 cm hoch, kräftig, kompakt wachsend
Blattgesundheit: 🍃🍃🍃 bis 🍃🍃🍃🍃
Kübel: ✔
Herkunft: Züchter Meilland, 1994 eingeführt
Besonderes: gute Selbstreinigung, regenfest

Montana®

Blüte: leuchtend rot, halb gefüllt
Wuchs: bis 80 cm hoch, aufrecht
Blattgesundheit: 🍃🍃
Herkunft: Züchter Rosen Tantau, 1974 eingeführt
Besonderes: hitzeverträglich, gute Fernwirkung, wetterfeste Blüten

Noack's Rose Melissa®

Blüte: zartrosa, gefüllt, in Dolden
Wuchs: bis 80 cm hoch, aufrecht buschig
Blattgesundheit: 🍃🍃🍃
Herkunft: Züchter Noack, 1996 eingeführt
Besonderes: robust, hitzeverträglich

Papagena®

Blüte: leuchtend orange-rot mit goldgelben Streifen, gelb geflammt, stark gefüllt
Duft: zart
Wuchs: 80 cm bis 100 cm hoch, stark aufrecht
Blattgesundheit: 🍃🍃
Herkunft: Züchter McGredy, 1992 eingeführt
Besonderes: auffälliges Farbspiel

Pastella®

Blüte: von intensiv rosé bis grünlich weiß, schalenförmig
Wuchs: bis 60 cm hoch, buschig, einzelne Triebe aufstrebend
Blattgesundheit: 🍃🍃🍃
Kübel: ✔
Herkunft: Züchter Rosen Tantau, 2004 eingeführt
Besonderes: regenfest, ungewöhnliche Blütenfarbe, Blütenblätter lange haftend

Petticoat® ADR 2004

Blüte: cremeweiß mit zart apricotfarbener Mitte, Knospen cremeweiß, gerüscht, stark gefüllt
Duft: angenehm
Wuchs: bis 90 cm hoch, aufrecht buschig
Blattgesundheit: 🍃🍃🍃 bis 🍃🍃🍃🍃
Herkunft: Züchter W. Kordes' Söhne, 2004 eingeführt
Besonderes: sehr blütenreich, glänzende Belaubung

Pomponella®

Blüte: dunkelrosa, Pomponblüten, stark gefüllt
Duft: zart
Wuchs: 80 cm hoch und 60 cm breit, wüchsig
Blattgesundheit: 🍃🍃🍃 bis 🍃🍃🍃🍃
Kübel: ✔
Herkunft: Züchter W. Kordes' Söhne, 2005 eingeführt
Besonderes: reichblühend, zum Vasenschnitt geeignet

Red Leonardo da Vinci®

Blüte: weinrot, stark gefüllt, rosettenartige Form
Duft: zart
Wuchs: 50 cm bis 70 cm hoch, aufrecht
Blattgesundheit: 🍃🍃🍃
Kübel: ✔
Herkunft: Züchter Meilland, 2003 eingeführt
Besonderes: hitzeverträglich, sehr reichblühend

Red Yesterday® ADR 1980

Blüte: rot mit weißer Mitte, leicht gefüllt, klein, in großen Dolden
Duft: zart
Wuchs: 60 cm bis 80 cm hoch, locker buschig
Blattgesundheit: 🍃🍃🍃
Herkunft: Züchter Harkness, eingeführt 1978
Besonderes: hitzeverträglich, Bienenweide, sehr reichblühend, auch für flächige Pflanzungen

Resonanz® ADR 2004

Blüte: leuchtend orangerot, halb gefüllt
Duft: zart
Wuchs: 80 cm bis 90 cm hoch
Blattgesundheit: 🍃🍃🍃 bis 🍃🍃🍃🍃
Herkunft: Züchter Noack, 2005 eingeführt
Besonderes: reichblühend, glänzende Belaubung

Roman Herzog®

Blüte: leuchtend rot, gefüllt
Duft: zart
Wuchs: 70 cm bis 90 cm hoch, aufrecht buschig
Blattgesundheit: 🍃🍃🍃
Herkunft: Züchter Noack, 1999 eingeführt
Besonderes: konstante Blütenfarbe bei Hitze, benannt nach dem ehemaligen Bundespräsidenten Roman Herzog

Rosenfee®

Blüte: kräftig rosa, reich gefüllt
Duft: zart
Wuchs: 70 cm bis 80 cm hoch, buschig aufrecht
Blattgesundheit: bis
Kübel: ✔
Herkunft: Züchter W. Kordes' Söhne, 2006 eingeführt
Besonderes: reichblühend, regenfest, sehr gleichmäßiger Wuchs

Rosenprofessor Sieber®

Blüte: porzellanrosa, gefüllt
Duft: zart
Wuchs: bis 70 cm hoch, buschig aufrecht, kräftig
Blattgesundheit:
Kübel: ✔
Herkunft: Züchter W. Kordes' Söhne, 1997 eingeführt
Besonderes: hitzeverträglich, regenfest, blühwillig

Rotilia®

Blüte: leuchtend karminrot, Knospe dunkelrot, halb gefüllt
Duft: zart
Wuchs: bis 80 cm hoch, buschig
Blattgesundheit: bis
Herkunft: Züchter W. Kordes' Söhne, 2000 eingeführt
Besonderes: auch für flächige Pflanzungen, hitzeverträglich, regenfest, blühwillig

Rouge Meilove® ADR 2004

Blüte: dunkelblutrot, stark gefüllt
Duft: zart
Wuchs: 40 cm bis 60 cm hoch, breit buschig
Blattgesundheit:
Kübel: ✔
Herkunft: Züchter Meilland, 2005 eingeführt

Sangerhäuser Jubiläumsrose®

Blüte: zart apricot, im Verblühen leicht rosa, romantische Blütenform
Duft: angenehm
Wuchs: 70 cm hoch, aufrecht buschig, mittelstark wachsend
Blattgesundheit:
Kübel: ✔
Herkunft: Züchter W. Kordes' Söhne, 2003 eingeführt
Besonderes: hitzeverträglich, sehr reichblühend

Stadt Eltville®

Blüte: leuchtend rot, gefüllt
Wuchs: 60 cm bis 80 cm hoch, buschig
Blattgesundheit: bis
Herkunft: Züchter Rosen Tantau, 1990 eingeführt
Besonderes: wetterfeste und leuchtende Blüten, dekorativer rötlicher Austrieb

Sunlight Romantica®

Blüte: leuchtend gelb, stark gefüllt, mit dem Charme alter Rosen
Duft: angenehm
Wuchs: 40 cm bis 50 cm hoch, aufrecht
Blattgesundheit: 🍃🍃 bis 🍃🍃🍃
Kübel: ✔
Herkunft: Züchter Meilland, 2002 eingeführt
Besonderes: hitzeverträglich, regenfest

Tequila® 2003

Blüte: leuchtend orangegelb, halb gefüllt
Duft: zart
Wuchs: 50 cm bis 70 cm hoch, aufrecht buschig
Blattgesundheit: 🍃🍃🍃
Kübel: ✔
Herkunft: Züchter Meilland, 2003 eingeführt
Besonderes: hitzeverträglich, regenfest, für alle Klimalagen, gute Fernwirkung

Tschaikovski®

Blüte: cremegelb, reich gefüllte Blütenschale
Duft: zart
Wuchs: 40 cm bis 60 cm hoch, aufrecht
Blattgesundheit: 🍃🍃 bis 🍃🍃🍃
Kübel: ✔
Herkunft: Züchter Meilland, 1999 eingeführt
Besonderes: hitzeverträglich, sollte sonnig stehen

Vicky® ADR 1993

Blüte: lachsorange, halb gefüllt
Wuchs: 60 cm hoch, aufrecht
Blattgesundheit: 🍃🍃🍃
Kübel: ✔
Herkunft: Züchter Noack, 1994 eingeführt
Besonderes: hitzeverträglich, glänzende Belaubung

Vinesse® ADR 2000

Blüte: zart aprikosenfarben, im Aufblühen orangerosa, halb gefüllt
Duft: zart
Wuchs: 60 cm hoch, aufrecht
Blattgesundheit: 🍃🍃🍃
Kübel: ✔
Herkunft: Züchter Noack, 2001 eingeführt
Besonderes: hitzeverträglich, regenfest

Westzeit®

Blüte: orange bis apricot, halb gefüllt
Wuchs: 60 cm bis 70 cm hoch
Blattgesundheit: 🍃🍃 bis 🍃🍃🍃
Kübel: ✔
Herkunft: Züchter Noack, 2004 eingeführt
Besonderes: stabile Blütenform, gute Fernwirkung

Edelrosen

Die Edelrosen, häufig auch als „Teehybriden“ bezeichnet, sind die populärsten unter den verschiedenen Rosengruppen – vielleicht, weil sie unserem „Idealbild“ der Rose am nächsten kommen. Ganz sicher bringen sie die größten und elegantesten Blüten hervor, die es in allen erdenklichen Farben gibt, begleitet von den unterschiedlichsten Duftnoten.
Die meist stark gefüllten Blüten sitzen auf langen Stielen und erscheinen oft einzeln, nicht selten aber auch in Dolden. Die meisten Sorten eignen sich zum Schnitt und einige halten dabei sehr lange in der Vase.
Das Wuchsbild der Edelrosen ist in der Regel straff aufrecht und je nach Sorte und Standort wird eine Höhe zwischen 70 und 120 cm erreicht. Im Einzelstand wirken Edelrosen meist eher mager und sollten daher immer beetweise oder in kleinen Gruppen gepflanzt werden. Um ihre volle Schönheit zu entfalten, verlangen Edelrosen nach fachgerechter Pflege, denn leider sind die meisten Sorten empfindlicher für Blattkrankheiten als die anderer Rosengruppen. Wählen Sie deshalb einen optimalen Standort und vermeiden Sie zu enge Pflanzung auch in Kombination mit Begleitpflanzen, damit das Laub nach Regen schnell abtrocknen kann.

Aachener Dom®

Blüte: kräftig rosa, gefüllt
Duft: zart
Wuchs: bis 80 cm hoch, aufrecht buschig
Blattgesundheit: bis
Herkunft: Züchter Meilland, 1982 eingeführt
Besonderes: Blütenfarbe bei Hitze aufhellend, regenfest, für Vasenschnitt geeignet

Acapella®

Blüte: zweifarbig, innen kirschrot, außen silbrig weiß, gefüllt, elegant
Duft: kräftig
Wuchs: 80 cm bis 110 cm hoch, aufrecht
Blattgesundheit: bis
Herkunft: Züchter Rosen Tantau, 1994 eingeführt
Besonderes: für Vasenschnitt geeignet

Alexander®

Blüte: leuchtend zinnoberrot, gefüllt, edel, Blüten meist einzeln, teils auch in Dolden
Duft: zart
Wuchs: 80 cm bis 120 cm hoch, stark wüchsig
Blattgesundheit: bis
Herkunft: Züchter Harkness, 1972 eingeführt
Besonderes: hitzeverträglich, reichblühend, öffnet sich bei fast jeder Witterung, für Vasenschnitt geeignet

Ambiente®

Blüte: elfenbeinweiß, in der Mitte cremegelb, gefüllt
Wuchs: 70 cm bis 80 cm hoch, buschig
Blattgesundheit:
Kübel: ✔
Herkunft: Züchter Noack, 2001 eingeführt
Besonderes: hitzeverträglich, regenfest, reichblühend, für Vasenschnitt geeignet

Apéritif®

Blüte: reingelb, gefüllt, edel geformt
Duft: zart
Wuchs: bis 90 cm hoch, aufrecht, kräftig
Blattgesundheit:
Herkunft: Züchter McGredy, 1998 eingeführt
Besonderes: hitzeverträglich, regenfest, für Vasenschnitt geeignet

Arosia®

Blüte: satinrosa, gefüllt
Wuchs: 80 cm hoch, aufrecht buschig
Blattgesundheit:
Herkunft: Züchter Noack, 1998 eingeführt
Besonderes: reichblühend und robust

Ashram®

Blüte: kupfrig orange, dezent goldgelb geflammt, gefüllt
Duft: zart
Wuchs: bis 120 cm hoch, schnell wachsend
Blattgesundheit:
Herkunft: Züchter Rosen Tantau, 1998 eingeführt
Besonderes: hitzeverträglich, für Vasenschnitt geeignet

Augusta Luise®

Blüte: champagner-rosé bis pfirsichfarben, gefüllt
Duft: kräftig
Wuchs: 70 cm bis 100 cm hoch, aufrecht
Blattgesundheit:
Kübel: ✔
Herkunft: Züchter Rosen Tantau, 1999 eingeführt
Besonderes: für Vasenschnitt geeignet, hitzeverträglich, regenfest

Banzai® 83

Blüte: goldgelb mit orangerotem Rand, dicht gefüllt
Duft: zart
Wuchs: bis 90 cm hoch, aufrecht buschig
Blattgesundheit: bis
Herkunft: Züchter Meilland, 1983 eingeführt
Besonderes: hitzeverträglich, regenfest, für Vasenschnitt geeignet

Barkarole®

Blüte: samtig dunkelrot, dicht gefüllt
Duft: angenehm
Wuchs: 80 cm bis 100 cm hoch, aufrecht buschig
Blattgesundheit: bis
Herkunft: Züchter Rosen Tantau, 1988 eingeführt
Besonderes: für Vasenschnitt geeignet, hitzeverträglich, regenfest

Bayerntraum®

Blüte: reinrosa, gefüllt, elegante Knospen
Duft: zart
Wuchs: 50 cm bis 70 cm hoch, aufrecht
Blattgesundheit: bis
Kübel: ✔
Herkunft: Züchter Cocker, 1999 eingeführt
Besonderes: hitzeverträglich, farbbeständig, für Vasenschnitt geeignet

Berolina® ADR 1986

Blüte: zitronengelb mit rotem Anflug, gefüllt, edel
Duft: kräftig
Wuchs: bis 130 cm hoch, aufrecht, kräftig
Blattgesundheit:
Herkunft: Züchter W. Kordes' Söhne, 1986 eingeführt
Besonderes: hitzeverträglich, regenfest, für Vasenschnitt geeignet

Black Magic®

Blüte: samtig dunkelrot, gefüllt
Wuchs: 80 cm bis 100 cm hoch, straff aufrecht
Blattgesundheit: bis
Herkunft: Züchter Rosen Tantau, 1995 eingeführt
Besonderes: sehr hitzeverträglich, für Vasenschnitt geeignet, auffällig dunkle Blütenfarbe

Burgund 81®

Blüte: samtiges, leuchtendes Blutrot, gefüllt, edel, auf langen, kräftigen Stielen, Knospe fast schwarzrot
Duft: zart
Wuchs: 80 cm bis 100 cm hoch, aufrecht buschig, wüchsig
Blattgesundheit: bis
Herkunft: Züchter W. Kordes' Söhne, 1981 eingeführt
Besonderes: hitzeverträglich, wetterfest, üppiger Herbstflor, für Vasenschnitt geeignet

Candlelight®

Blüte: tief goldgelb, gefüllt, nostalgische Blütenform
Duft: kräftig
Wuchs: 80 cm bis 100 cm hoch, aufrecht
Blattgesundheit:
Herkunft: Züchter Rosen Tantau, 2001 eingeführt
Besonderes: für Vasenschnitt geeignet, hitzeverträglich

Caprice de Meilland®

Blüte: dunkelrosa, gefüllt, offene Blütenschale
Duft: kräftig
Wuchs: 80 cm bis 100 cm hoch, aufrecht, schnell wachsend
Blattgesundheit:
Herkunft: Züchter Meilland, 1997 eingeführt
Besonderes: heiße Standorte ohne Luftbewegung meiden

Christoph Columbus®

Blüte: kräftig kupferlachsrot bis orangerot, gefüllt
Duft: angenehm
Wuchs: 100 cm bis 120 cm hoch, stark aufrecht, buschig
Blattgesundheit:
Herkunft: Züchter Meilland, 1992 eingeführt
Besonderes: hitzeverträglich, für Vasenschnitt geeignet

Duftfestival®

Blüte: samtig karminrot, gefüllt
Duft: kräftig
Wuchs: 80 cm bis 100 cm hoch, kräftig, buschig
Blattgesundheit: bis
Herkunft: Züchter Meilland, 2000 eingeführt
Besonderes: für Vasenschnitt geeignet, hitzeverträglich, starker Duft nach alten Rosen

Duftzauber 84®

Blüte: dunkelrot, gefüllt
Duft: angenehm
Wuchs: bis 90 cm hoch, aufrecht, dicke Triebe
Blattgesundheit: bis
Herkunft: Züchter W. Kordes' Söhne, 1984 eingeführt
Besonderes: hitzeverträglich, regenfest, für Vasenschnitt geeignet

Elina® ADR 1987

Blüte: cremeweiß, gefüllt, spitze zitronengelbe Knospe
Duft: zart
Wuchs: 70 cm bis 90 cm hoch, buschig aufrecht
Blattgesundheit: bis
Herkunft: Züchter Dickson, 1984 eingeführt
Besonderes: für Vasenschnitt geeignet, hitzeverträglich, regenfest

Eliza® ADR 2005

Blüte: silbrig rosa, im Verblühen heller werdend, meist in Dolden
Duft: angenehm
Wuchs: 100 cm bis 120 cm hoch, buschig aufrecht, gut nachtreibend
Blattgesundheit: bis
Herkunft: Züchter W. Kordes' Söhne, 2004 eingeführt
Besonderes: reichblühend, Typ Grandiflora

Erotika®

Blüte: dunkelrot, dicht gefüllt, groß, edel
Duft: kräftig
Wuchs: 60 cm bis 90 cm hoch aufrecht
Blattgesundheit: bis
Herkunft: Züchter Rosen Tantau, 1968 eingeführt
Besonderes: für Vasenschnitt geeignet

Evening Star®

Blüte: leuchtend reinweiß, gefüllt, groß, edel, zum Teil in Dolden
Duft: intensiv
Wuchs: bis 80 cm hoch aufrecht, willig nachtreibend
Blattgesundheit: bis
Herkunft: Züchter Jackson & Perkins, 1974 eingeführt
Besonderes: hitzeverträglich, gute Selbstreinigung, reichblühend, für Vasenschnitt geeignet

FOCUS®

Blüte: lachsrosa, gefüllt, oft in Dolden
Wuchs: bis 70 cm hoch, buschig aufrecht, stark wachsend
Blattgesundheit:
Kübel: ✔
Herkunft: Züchter Noack, 1997 eingeführt
Besonderes: für Vasenschnitt geeignet, hitzeverträglich, regenfest

Frederic Mistral®

Blüte: hellrosa mit dunkler Mitte, gefüllt
Duft: kräftig
Wuchs: 70 cm bis 90 cm hoch, aufrecht, schnell wachsend
Blattgesundheit:
Kübel: ✔
Herkunft: Züchter Meilland, 1993 eingeführt
Besonderes: hitzeverträglich, regenfest, für Vasenschnitt geeignet

Gloria Dei

Blüte: hellgelb mit rötlichem Rand, gefüllt
Duft: zart
Wuchs: 60 cm bis 80 cm hoch, aufrecht buschig
Blattgesundheit: bis
Herkunft: Züchter Meilland, 1945 eingeführt
Besonderes: hitzeverträglich, regenfest, für Vasenschnitt geeignet, Klassiker

Grande Amore® 2005

Blüte: leuchtendes Blutrot
Duft: zart
Wuchs: 80 cm bis 100 cm hoch, buschig aufrecht, gut verzweigt
Blattgesundheit:
Herkunft: Züchter W. Kordes' Söhne, 2004 eingeführt
Besonderes: hitzeverträglich, regenfest, für Vasenschnitt geeignet

Hamburger Deern®

Blüte: lachsfarben mit cremefarbener Rückseite, gefüllt, edel
Duft: angenehm
Wuchs: 70 cm bis 80 cm hoch, buschig, kräftig
Blattgesundheit: bis
Herkunft: Züchter W. Kordes' Söhne, 1997 eingeführt
Besonderes: hitzeverträglich, reiche Nachblüte, für Vasenschnitt geeignet

Honoré de Balzac®

Blüte: zartrosa, Ränder intensiv rosa, gefüllt, Blütenkugeln
Duft: zart
Wuchs: 90 cm bis 100 cm hoch, aufrecht
Blattgesundheit:
Herkunft: Züchter Meilland, 1993 eingeführt
Besonderes: hitzeverträglich, benötigt sonnigen Standort, regenempfindlich, für Vasenschnitt geeignet

Ingrid Bergman®

Blüte: dunkelrot, gefüllt
Duft: zart
Wuchs: bis 80 cm hoch, aufrecht buschig, kräftig, kompakt
Blattgesundheit: bis
Herkunft: Züchter Poulsen, 1984 eingeführt
Besonderes: hitzeverträglich, regenfest, edle Blütenform, für Vasenschnitt geeignet

Inspiration® ADR 2005

Blüte: außen rosa, innen lachsrosa mit Gelb, gefüllt
Wuchs: 70 cm bis 80 cm hoch, buschig
Blattgesundheit:
Herkunft: Züchter Noack, 2003 eingeführt
Besonderes: für Vasenschnitt geeignet, hitzeverträglich, regenfest, edle Blütenform

Kaiserin Farah®

Blüte: cremeweiß mit karminroten Rändern, edel, üppig
Duft: zart
Wuchs: bis 120 cm hoch, kräftig
Blattgesundheit:
Herkunft: Züchter Delbard, 1999 eingeführt
Besonderes: gute Haltbarkeit in der Vase, hitzeverträglich, Sortenschutzname: delivour

Kupferkönigin®

Blüte: kräftig kupfergelb, gefüllt, groß, nicht verblassend
Duft: zart
Wuchs: bis 80 cm hoch, aufrecht, wüchsig
Blattgesundheit: bis
Herkunft: Züchter W. Kordes' Söhne, 1996 eingeführt
Besonderes: hitzeverträglich, edle Form, gut zum Vasenschnitt, sehr reichblühend

Lady Like®

Blüte: kräftig rosa, gefüllt, sehr groß
Duft: kräftig
Wuchs: 80 cm bis 100 cm hoch, aufrecht buschig
Blattgesundheit: bis
Herkunft: Züchter Rosen Tantau, 1989 eingeführt
Besonderes: hitzeverträglich, für Vasenschnitt geeignet

Landora®

Blüte: leuchtend gelb, dicht gefüllt, groß
Wuchs: 60 cm bis 80 cm hoch, aufrecht
Blattgesundheit:
Herkunft: Züchter Rosen Tantau, 1970 eingeführt
Besonderes: sehr hitzeverträglich, für Vasenschnitt geeignet

Lolita®

Blüte: leuchtend Honiggelb mit kupfrigem Anflug, gefüllt, groß, edel
Duft: kräftig
Wuchs: bis 80 cm hoch, stark wüchsig, willig nachtreibend
Blattgesundheit: bis
Herkunft: Züchter W. Kordes' Söhne, 1972 eingeführt
Besonderes: hitzeverträglich, haltbar, für Vasenschnitt geeignet

Mabella®

Blüte: zitronengelb, gefüllt, edel
Duft: kräftig
Wuchs: bis 90 cm hoch, aufrecht, willig nachtreibend
Blattgesundheit: bis
Herkunft: Züchter W. Kordes' Söhne, 1972 eingeführt
Besonderes: hitzeverträglich, für Vasenschnitt geeignet

Mainzer Fastnacht®

Blüte: silbrig fliederfarben, gefüllt
Duft: kräftig
Wuchs: 80 cm bis 90 cm hoch, aufrecht, wachsend, vieltriebig
Blattgesundheit: bis
Herkunft: Züchter Rosen Tantau, 1964 eingeführt
Besonderes: weltweit bekannte Rosensorte, für Vasenschnitt geeignet

Marco Polo®

Blüte: goldgelb mit bernsteinfarbener Mitte, eine Blüte pro Stiel
Duft: kräftig
Wuchs: 70 cm bis 80 cm hoch, aufrecht, schnell wachsend
Blattgesundheit: bis
Herkunft: Züchter Meilland, 1991 eingeführt
Besonderes: hitzeverträglich, für Vasenschnitt geeignet

Marvelle®

Blüte: kräftig gelb, rot und orange geflammt, gefüllt, groß
Wuchs: bis 90 cm hoch, kräftig, stark wüchsig
Blattgesundheit:
Herkunft: Züchter McGredy, 1995 eingeführt
Besonderes: optimaler Rosenstandort empfohlen, für Vasenschnitt geeignet, auffällige Farbkombination

Memoire®

Blüte: reinweiß, creme schattiert, gefüllt, groß, edel
Duft: angenehm
Wuchs: bis 80 cm hoch, buschig, kräftig, willig nachtreibend
Blattgesundheit: 🍂🍂 bis 🍂🍂🍂
Herkunft: Züchter W. Kordes' Söhne, 1992 eingeführt
Besonderes: hitzeverträglich, typische „Brautrose", für Vasenschnitt geeignet

Michelangelo®

Blüte: leuchtend gelb, gefüllt
Duft: zart
Wuchs: 40 cm bis 60 cm hoch aufrecht
Blattgesundheit: 🍂🍂 bis 🍂🍂🍂
Kübel: ✔
Herkunft: Züchter Meilland, 1997 eingeführt
Besonderes: hitzeverträglich, sehr blühwillig, für Vasenschnitt geeignet

Mondiale®

Blüte: dezent lachsrosa, äußere Blütenblätter heller, gefüllt
Wuchs: 100 cm bis 120 cm hoch, stark triebig
Blattgesundheit: 🍂🍂🍂
Herkunft: Züchter W. Kordes' Söhne, 1993 eingeführt
Besonderes: hitzeverträglich, regenfest, in der Vase lange haltbar, rot austreibend

Nostalgie®

Blüte: zweifarbig, cremeweiß mit kirschrotem Rand, gefüllt, ballförmig öffnend
Duft: zart
Wuchs: 70 cm bis 90 cm hoch, buschig
Blattgesundheit: 🍂🍂 bis 🍂🍂🍂
Herkunft: Züchter Rosen Tantau, 1995 eingeführt
Besonderes: für Vasenschnitt geeignet, sehr hitzeverträglich

Orient Express®

Blüte: gelb mit dunkelrosa Rand
Duft: zart
Wuchs: bis 80 cm hoch, stark wachsend, aufrecht, buschig aufrecht
Blattgesundheit: 🍂🍂🍂
Herkunft: Züchter Baily Nurseries/Meilland, 2002 eingeführt
Besonderes: regenfest, interessantes Farbspiel, für Vasenschnitt geeignet

Parole®

Blüte: kräftig pink, lila überhaucht, gefüllt, edel
Duft: kräftig
Wuchs: bis 90 cm hoch, aufrecht, stark wachsend
Blattgesundheit: 🍂🍂 bis 🍂🍂🍂
Herkunft: Züchter W. Kordes' Söhne, 2001 eingeführt
Besonderes: für Vasenschnitt geeignet, edle, sehr große Blüte

Paul Ricard®

Blüte: pastellgelb mit bernsteinfarbener Mitte, gefüllt
Duft: kräftig
Wuchs: bis 70 cm hoch, aufrecht buschig
Blattgesundheit:
Herkunft: Züchter Meilland, 1991 eingeführt
Besonderes: hitzeverträglich, regenfest, für Vasenschnitt geeignet

Philippe Noiret®

Blüte: bernsteingelb, gefüllt
Wuchs: bis 80 cm hoch, buschig aufrecht
Blütezeit: bis
Herkunft: Züchter Meilland, 1999 eingeführt
Besonderes: für Vasenschnitt geeignet, hitzeverträglich, regenfest

Polarstern®

Blüte: weiß, gefüllt
Duft: zart
Wuchs: 80 cm bis 100 cm hoch aufrecht, schnell wachsend
Blattgesundheit: bis
Herkunft: Züchter Rosen Tantau, 1982 eingeführt
Besonderes: reichblühend, für Vasenschnitt geeignet

Rebell®

Blüte: leuchtend rot, gefüllt, edel
Duft: zart
Wuchs: bis 80 cm hoch, aufrecht, vieltriebig
Blattgesundheit: bis
Herkunft: Züchter W. Kordes' Söhne, 1996 eingeführt
Besonderes: hitzeverträglich, große Leuchtkraft, für Vasenschnitt geeignet

Rosemary Harkness®

Blüte: orangegelb bis lachsorange, gefüllt
Duft: kräftig
Wuchs: 60 cm bis 80 cm hoch, buschig
Blattgesundheit: bis
Herkunft: Züchter Harkness, 1985 eingeführt
Besonderes: hitzeverträglich, für Vasenschnitt geeignet

Roy Black®

Blüte: reinweiß, stark gefüllt
Duft: zart
Wuchs: bis 80 cm hoch, aufrecht, buschig
Blattgesundheit: bis
Herkunft: Züchter Poulsen, 1994 eingeführt
Besonderes: hitzeverträglich, regenfest, für Vasenschnitt geeignet

Savoy Hotel®

Blüte: pastellrosa mit dunkelrosa Tönen
Duft: zart
Wuchs: 60 cm bis 80 cm hoch, buschig, kompakt
Blattgesundheit: 🍃🍃 bis 🍃🍃🍃
Herkunft: Züchter Harkness, 1991 eingeführt
Besonderes: für Vasenschnitt geeignet

Sebastian KNEIPP®

Blüte: cremeweiß mit rosa Mitte, geviertelt, nostalgische Form
Duft: kräftig
Wuchs: 120 cm bis 150 cm hoch, aufrecht
Blattgesundheit: 🍃🍃 bis 🍃🍃🍃
Herkunft: Züchter W. Kordes' Söhne, 1997 eingeführt
Besonderes: Flair der Alten Rosen, strauchrosenartiger Wuchs

Sila®

Blüte: reinrosa
Duft: zart
Wuchs: 100 cm bis 120 cm hoch
Blattgesundheit: 🍃🍃 bis 🍃🍃🍃
Herkunft: Züchter Cocker/Rosen Union, 1983 eingeführt
Besonderes: sehr gute Haltbarkeit in der Vase

Speelwark®

Blüte: pfirsichgelb, im Verblühen rötlich überhaucht, gefüllt, groß
Duft: kräftig
Wuchs: 80 cm bis 100 cm hoch, aufrecht, buschig, stark wüchsig
Blattgesundheit: 🍃🍃 bis 🍃🍃🍃
Herkunft: Züchter W. Kordes' Söhne, 1999 eingeführt
Besonderes: hitzeverträglich, für Vasenschnitt geeignet

Sterntaler®

Blüte: mittelgelb mit teilweise rotem Rand, reich gefüllt, meist in Dolden
Duft: angenehm
Wuchs: 80 cm bis 100 cm, aufrecht, gute Verzweigung
Blattgesundheit: 🍃🍃🍃
Herkunft: Züchter W. Kordes' Söhne, 2004 eingeführt
Besonderes: hitzeverträglich, Typ Grandiflora

Super Star®

Blüte: lachsrot, gefüllt
Duft: zart
Wuchs: 80 cm bis 100 cm hoch, wuchsfreudig
Blattgesundheit: 🍃
Herkunft: Züchter Rosen Tantau, 1960 eingeführt
Besonderes: leuchtende, stets nachwachsende Blüten, für Vasenschnitt geeignet, Klassiker

Tea Time®

Blüte: kupfrig orange, gefüllt
Wuchs: bis 80 cm hoch, aufrecht
Blattgesundheit: 🍃 bis 🍃🍃
Herkunft: Züchter Rosen Tantau, 1994 eingeführt
Besonderes: für Vasenschnitt geeignet mit sehr guter Haltbarkeit, hitzeverträglich, regenfest

The McCartney Rose®

Blüte: hellrosa, gefüllt
Duft: kräftig
Wuchs: 60 cm bis 80 cm hoch, buschig aufrecht
Blattgesundheit: 🍃 bis 🍃🍃
Herkunft: Züchter Meilland, 1991 eingeführt
Besonderes: Stauwärme vermeiden, für Vasenschnitt geeignet

Traviata®

Blüte: kirschrot, stark gefüllt, rosettenartig, nostalgische Form, zum Teil in Dolden
Wuchs: 40 cm bis 60 cm hoch, aufrecht und stark wüchsig
Blattgesundheit: 🍃🍃 bis 🍃🍃🍃
Herkunft: Züchter Meilland, 1998 eingeführt
Besonderes: hitzeverträglich

Valencia®

Blüte: warmes Kupfergelb, gefüllt, mittelgroß, edel
Duft: kräftig
Wuchs: bis 70 cm hoch, buschig aufrecht, kompakt, dicktriebig
Blattgesundheit: 🍃🍃
Herkunft: Züchter W. Kordes' Söhne, 1989 eingeführt
Besonderes: warmer Farbton, für den Vasenschnitt geeignet, hitzeverträglich und farbbeständig

Violina®

Blüte: zartrosa, gefüllt, elegant
Duft: kräftig
Wuchs: 80 cm bis 100 cm hoch, aufrecht, schnell wachsend
Blattgesundheit: 🍃🍃🍃
Herkunft: Züchter Rosen Tantau, 1997 eingeführt
Besonderes: für den Vasenschnitt geeignet, regenfest

Walzertraum®

Blüte: intensives Karminrosa, stark gefüllt, nostalgische Form
Duft: zart
Wuchs: bis 120 cm hoch, aufrecht, kräftig
Blattgesundheit: 🍃 bis 🍃🍃
Herkunft: Züchter Rosen Tantau, 2003 eingeführt
Besonderes: sehr hitzeverträglich, für den Vasenschnitt geeignet

Zwergrosen

Rosensorten, die dieser Klasse zugeordnet werden, zeichnen sich durch einen kompakten Wuchs, zierliches Laub und kleine Blüten aus – sie werden deshalb auch gerne als Miniaturrosen bezeichnet.
Typen mit ebenfalls gedrungenem Wuchs, aber etwas größeren Blüten, werden in Großbritannien und anderen Ländern als Patio-Rosen (Patio = Innenhof, Terrasse) bezeichnet, weil man sie so hervorragend in „gartennahen“ Bereichen wie Balkon und Terrasse einsetzen kann. Ihr kompakter Wuchscharakter macht die Zwerg- und Patio-Rosen zu idealen Kandidaten für räumlich begrenzte Pflanzsituationen in kleinen Gärten und auch bestens geeignet für die Kultur in Pflanzgefäßen oder Balkonkästen.
Die Schwäche besonders einiger älterer Sorten liegt allerdings in einer recht hohen Anfälligkeit für Blattkrankheiten, wobei direkter Kontakt mit dem Gartenboden die Gefahr einer Infektion immer erhöht. Ein optimaler, gut durchlüfteter Standort hilft dabei, das Laub der Pflanzen länger gesund zu halten.
Die Rosenzüchter haben in den letzten Jahren aber auch dieser Gruppe eine Reihe von gesünderen Sorten hinzugefügt, von denen wir hier einige vorstellen möchten.

Bambino®

Blüte: pink, einfach, leuchtend gelbe Staubgefäße
Wuchs: etwa 20 cm bis 50 cm hoch, breit buschig, kompakt
Blattgesundheit: 🍃🍃🍃 bis 🍃🍃🍃🍃
Kübel: ✔
Herkunft: Züchter Noack, 2004 eingeführt
Besonderes: reichblühend, dunkelgrün glänzende Belaubung

Charmant® ADR 2004

Blüte: rosa, unterseits cremeweiß, gefüllt, klein, in reichen Dolden
Duft: zart
Wuchs: bis 50 cm hoch, buschig, kompakt
Blattgesundheit: 🍃🍃🍃 bis 🍃🍃🍃🍃
Kübel: ✔
Herkunft: Züchter W. Kordes' Söhne, 1999 eingeführt
Besonderes: besticht durch Blütenreichtum im ersten Flor, hitzeverträglich

Clementine®

Blüte: apricot-orange
Wuchs: etwa 40 cm bis 50 cm hoch, aufrecht buschig, kompakt
Blattgesundheit: 🍃 bis 🍃🍃
Kübel: ✔
Herkunft: Züchter Tantau, 1997 eingeführt
Besonderes: reichblühend, attraktiver Farbton

Gold Symphonie® 2002

Blüte: sattgelb, stark gefüllt
Wuchs: 30 cm bis 40 cm hoch, breit buschig, kompakt
Blattgesundheit: 🍃 bis 🍃🍃
Kübel: ✔
Herkunft: Züchter Meilland, 2002 eingeführt
Besonderes: hitzeverträglich, blühwillig

Medley® Pink

Blüte: pink, halb gefüllt
Wuchs: 30 cm bis 40 cm hoch, buschig kompakt
Blattgesundheit: 🍃🍃🍃
Kübel: ✔
Herkunft: Züchter Noack, 2002 eingeführt
Besonderes: hitzeverträglich

Medley® Red

Blüte: rot, halb gefüllt
Wuchs: 30 cm bis 40 cm hoch, buschig kompakt
Blattgesundheit: 🍃🍃 bis 🍃🍃🍃
Kübel: ✔
Herkunft: Züchter Noack, 2002 eingeführt
Besonderes: hitzeverträglich

Pepita® ADR 2004

Blüte: kräftig pink, stark gefüllt, klein, in reichen Dolden
Wuchs: bis 50 cm hoch, kompakt, gut verzweigt
Blattgesundheit: 🍃🍃🍃 bis 🍃🍃🍃🍃
Kübel: ✔
Herkunft: Züchter W. Kordes' Söhne, 2004 eingeführt
Besonderes: lange haltbare Blüten, hitzeverträglich, glänzende Belaubung

Pink Symphonie®

Blüte: zartrosa, halb gefüllt, edelrosenartig
Wuchs: 30 cm bis 40 cm hoch, breit buschig, kompakt
Blattgesundheit: 🍃🍃 bis 🍃🍃🍃
Kübel: ✔
Herkunft: Züchter Meilland, 1987 eingeführt
Besonderes: hitzeverträglich

Sonnenröschen®

Blüte: weiß, mit auffallend gelbem Auge, einfache Blüte
Wuchs: bis 30 cm hoch, breit buschig, flach
Blattgesundheit: 🍃🍃🍃 bis 🍃🍃🍃🍃
Kübel: ✔
Herkunft: Züchter W. Kordes' Söhne, 2005 eingeführt
Besonderes: lange haltbare Blüten, hitzeverträglich, ideal für Steingärten und Mauerkronen

Sugar Baby®

Blüte: intensives Rosa, gefüllt, edel geformt
Wuchs: bis 40 cm hoch, buschig, kompakt
Blattgesundheit: 🍃🍃
Kübel: ✔
Herkunft: Züchter Rosen Tantau, 1997 eingeführt
Besonderes: sehr hitzeverträglich

Kleinstrauchrosen

Als Kleinstrauchrosen bezeichnet man in jüngster Zeit eine Rosengruppe, die bisher in den meisten Katalogen als Bodendeckerrosen zu finden waren. Es handelt sich hier aber keineswegs nur um Sorten, die flach auf der Erde liegen, sondern auch buschig aufrechte oder charmant überhängende Typen. Genauso vielseitig wie die Blütenfarben und Wuchstypen der Kleinstrauchrosen sind auch ihre Verwendungsmöglichkeiten, so dass Sie Ihrer Phantasie in der Gartengestaltung freien Lauf lassen können.
Großflächig eingesetzt, kann man reizvoll Flächen und Hänge begrünen und gleichzeitig den Unkrautwuchs unterdrücken. Es gibt aber auch viele kompakt wachsende Typen, die hervorragend für die Gestaltung von kleinen Gärten geeignet sind und sich als perfekte Partner in Kombination mit Stauden und anderen Begleitpflanzen erweisen. Viele Sorten sind zudem als Rosenstämmchen erhältlich und können so zu einem blütenreichen Blickfang im Garten werden. Die meisten Kleinstrauchrosen zeichnen sich neben ihrer Blühwilligkeit durch eine hohe Widerstandsfähigkeit gegen Blattkrankheiten aus – das macht sie zu einem pflegeleichten Gartenspaß und sind besonders geeignet für „Rosen-Anfänger".

Amber Sun®

Blüte: bernsteinfarben, im Verblühen in cremegelb übergehend, halb gefüllt
Duft: zart
Wuchs: 50 cm hoch und 60 cm breit
Blattgesundheit: bis
Kübel: ✔
Herkunft: Züchter W. Kordes' Söhne, 2005 eingeführt
Besonderes: reichblühend, attraktive Blühfarbe, hitzeverträglich

Aspirin® Rose ADR 1995

Blüte: weiß, edel geformt
Wuchs: 60 cm bis 80 cm hoch, breit buschig
Blattgesundheit: bis
Kübel: ✔
Herkunft: Züchter Rosen Tantau, 1997 eingeführt
Besonderes: gute Selbstreinigung, auch als Beetrose verwendbar, sehr hitzeverträglich, regenfest

Austriana®

Blüte: strahlendes Blutrot, halb gefüllt
Wuchs: 60 bis 70 cm hoch, breit buschig
Blattgesundheit: bis
Kübel: ✔
Herkunft: Züchter Tantau, 1996 eingeführt
Besonderes: robust, reichblühend, gute Selbstreinigung, auch als Beetrose geeignet

Ballerina

Blüte: hellrosa mit weißer Mitte, goldgelbe Staubgefäße, sehr klein, einfach, öfterblühend
Duft: zart
Wuchs: 100 cm hoch, rund buschig, überhängend
Blattgesundheit:
Kübel: ✔
Herkunft: Züchter Bentall, 1937 eingeführt
Besonderes: fast stachellos, kleine, orange Hagebutten im Herbst

Bayernland® ADR 1995

Blüte: reinrosa
Wuchs: 50 cm hoch, rund, zum Teil überhängend, sehr gut verzweigend
Blattgesundheit: 3 bis 4 Blätter
Kübel: ✔
Herkunft: Züchter Poulsen, 1993 eingeführt
Besonderes: reichblühend, regenfest, auch als Beetrose verwendbar

Bingo Meidiland®

Blüte: zartrosa mit weißer Mitte bis weiß, ungefüllt
Wuchs: 50 cm bis 60 cm hoch, buschig
Blattgesundheit: 3 bis 4 Blätter
Kübel: ✔
Herkunft: Züchter Meilland, 1991 eingeführt
Besonderes: hitzeverträglich, sehr gute Selbstreinigung, Wildrosencharakter

Celina® ADR 1999

Blüte: hellgelb, leicht gefüllt
Duft: zart
Wuchs: 60 cm bis 80 cm hoch, buschig bis bogig überhängend
Blattgesundheit: 3 Blätter
Kübel: ✔
Herkunft: Züchter Noack, 1999 eingeführt
Besonderes: glänzende Belaubung, pflegeleicht

Concerto® 94

Blüte: apricot, stark gefüllt
Wuchs: 60 cm bis 80 cm hoch, buschig aufrecht
Blattgesundheit: 3 Blätter
Kübel: ✔
Herkunft: Züchter Meilland, 1994 eingeführt
Besonderes: hitzeverträglich, regenfest, auch als Beetrose verwendbar

Crimson Meidiland®

Blüte: dunkelrot, leicht gefüllt
Wuchs: 80 cm bis 100 cm hoch aufrecht, stark wüchsig
Blattgesundheit: 3 bis 4 Blätter
Herkunft: Züchter Meilland, 1996 eingeführt
Besonderes: großblumig, hitzeverträglich, bevorzugt frische und raue Klimalagen, Vogelnährgehölz, birnenförmige, große Hagebutten

Diamant® ADR 2002

Blüte: reinweiß, halb gefüllt, leuchtend gelbe Staubgefäße
Wuchs: bis 60 cm hoch, buschig, kompakt
Blattgesundheit: 4 Blätter
Kübel: ✔
Herkunft: Züchter W. Kordes' Söhne, 2001 eingeführt
Besonderes: hitzeverträglich, regenfest, sehr reichblühend, gute Bodendeckerfähigkeit

Diamond Border® ADR 2002

Blüte: reinweiß, halb gefüllt
Duft: zart
Wuchs: 80 cm bis 100 cm hoch, aufrecht buschig
Blattgesundheit: 🍃🍃🍃 bis 🍃🍃🍃🍃
Herkunft: Züchter Poulsen, 2000 eingeführt
Besonderes: auch als Beetrose verwendbar, kompakt wachsend, robust, hitzeverträglich

Fortuna® ADR 2002

Blüte: zart lachsrosa mit weißer Mitte, ungefüllt
Wuchs: 60 cm bis 70 cm hoch, kompakt, vieltriebig
Blattgesundheit: 🍃🍃🍃 bis 🍃🍃🍃🍃
Kübel: ✔
Herkunft: Züchter W. Kordes' Söhne, 2002 eingeführt
Besonderes: hitzeverträglich, regenfest, sehr reichblühend, als Beetrose verwendbar

Foxi® ADR 1993

Blüte: violettrosa, groß, halb gefüllt
Duft: intensiv
Wuchs: 80 cm bis 100 cm hoch, aufrecht buschig
Blattgesundheit: 🍃🍃🍃 bis 🍃🍃🍃🍃
Herkunft: Züchter Uhl/Tantau, 1989 eingeführt
Besonderes: Rugosa-Hybride, reicher Fruchtansatz

Granny®

Blüte: reinrosa, mit dunklerer Mitte, stark gefüllt, romantische Form
Duft: zart
Wuchs: 50 cm bis 70 cm hoch, breit buschig bis überhängend
Blattgesundheit: 🍃🍃 bis 🍃🍃🍃
Kübel: ✔
Herkunft: Züchter Poulsen, 1991 eingeführt
Besonderes: hitzeverträglich, reichblühend, als Beetrose verwendbar

Heidetraum® ADR 1990

Blüte: karminrosarot, halb gefüllt
Wuchs: 70 cm bis 80 cm hoch, niedrig buschig
Blattgesundheit: 🍃🍃🍃🍃
Herkunft: Züchter Noack, 1988 eingeführt
Besonderes: hitzeverträglich, reichblühend, lang haftendes Laub

IGA 83 München®

Blüte: karminrosa, halb gefüllt
Duft: ✔
Wuchs: 60 cm bis 70 cm hoch, aufrecht buschig
Blattgesundheit: 🍃🍃🍃
Kübel: ✔
Herkunft: Züchter Meilland, 1982 eingeführt
Besonderes: hitzeverträglich, Vogelnährgehölz, auch als Beetrose verwendbar, kugelige Hagebutten

Innocencia® ADR 2003

Blüte: reinweiß, halb gefüllt
Wuchs: bis 60 cm hoch, breit buschig
Blattgesundheit: 🍃🍃🍃 bis 🍃🍃🍃🍃
Kübel: ✔
Herkunft: Züchter W. Kordes' Söhne, 2003 eingeführt
Besonderes: hitzeverträglich, regenfest, robust, auch als Beetrose geeignet

Kent®

Blüte: reinweiß mit gelber Mitte, gelbe Staubgefäße
Wuchs: 30 cm bis 60 cm hoch, dicht buschig, überhängende, teils niederliegende Zweige
Blattgesundheit: 🍃🍃🍃
Kübel: ✔
Herkunft: Züchter Poulsen, 1991 eingeführt
Besonderes: hitzeverträglich, überreich blühend

Lavender Dream®

Blüte: lavendel, halb gefüllt
Duft: zart
Wuchs: bis 60 cm hoch, buschig bis überhängend
Blattgesundheit: 🍃🍃 bis 🍃🍃🍃
Kübel: ✔
Herkunft: Züchter Interplant, 1985 eingeführt
Besonderes: hitzeverträglich, regenfest

Limesglut® ADR 2005

Blüte: blutrot, gut gefüllt
Wuchs: 40 cm bis 50 cm hoch, sehr kompakt
Blattgesundheit: 🍃🍃🍃 bis 🍃🍃🍃🍃
Kübel: ✔
Herkunft: Züchter Pearce, 2004 eingeführt
Besonderes: reicher Blütenflor, gute Bodendeckung

Lovely Meidiland®

Blüte: hellrosa, gefüllt
Wuchs: 40 cm bis 50 cm hoch, breit buschig, schnell wachsend
Blattgesundheit: 🍃🍃🍃
Kübel: ✔
Herkunft: Züchter Meilland, 1999 eingeführt
Besonderes: auch als Beetrose verwendbar, schön in Kombination mit Stauden, hitzeverträglich, sehr gute Bodendeckerfähigkeit

Medusa® ADR 1995

Blüte: lavendelrosa, gefüllt
Duft: zart
Wuchs: 80 cm bis 100 cm hoch, niedrig buschig
Blattgesundheit: 🍃🍃🍃 bis 🍃🍃🍃🍃
Herkunft: Züchter Noack, 1996 eingeführt
Besonderes: hitzeverträglich, gute Bodendeckung

Mirato® ADR 1993

Blüte: leuchtend pink, halb gefüllt, gute Selbstreinigung
Wuchs: bis 70 cm hoch, breit buschig bis bogig überhängend
Blattgesundheit: bis
Kübel: ✔
Herkunft: Züchter Rosen Tantau, 1990 eingeführt
Besonderes: hitzeverträglich, regenfest, reichblühend

Nemo® ADR 2000

Blüte: reinweiß, ungefüllt, in Dolden, leuchtend gelbe Staubgefäße
Wuchs: 80 cm bis 100 cm hoch, niedrig buschig, kompakt
Blattgesundheit: bis
Kübel: ✔
Herkunft: Züchter Noack, 2001 eingeführt
Besonderes: gute Bodendeckerfähigkeit, besonders üppiger erster Flor, hitzeverträglich

Neon® ADR 1999

Blüte: karminrosa, halb gefüllt
Wuchs: bis 60 cm hoch, breit buschig
Blattgesundheit: bis
Kübel: ✔
Herkunft: Züchter W. Kordes' Söhne, 2001 eingeführt
Besonderes: hitzeverträglich, regenfest, reichblühend, für niedrige Hecken und auch als Beetrose

Palmengarten Frankfurt®

Blüte: rosakarmin, dicht gefüllt, schalenförmig, in Büscheln
Wuchs: 60 cm hoch, breit buschig
Blattgesundheit: bis
Kübel: ✔
Herkunft: Züchter W. Kordes' Söhne, 1988 eingeführt
Besonderes: hitzeverträglich, reichblühend, auch als Beetrose geeignet

Pearl Mirato®

Blüte: weißlichrosa bis hellrosa, gefüllt, selbstreinigend, flache Blütenschalen
Wuchs: 50 cm bis 60 cm hoch, buschig
Blattgesundheit:
Kübel: ✔
Herkunft: Züchter Rosen Tantau, 2002 eingeführt
Besonderes: späte, aber lang andauernde Blüte, hitzeverträglich, wirkt bei kühler Witterung besonders attraktiv

Phlox Meidiland® ADR 2001

Blüte: violettrosa mit weißer Mitte, ungefüllt, wildrosenähnlich
Wuchs: 60 cm bis 80 cm hoch, aufrecht buschig
Blattgesundheit: bis
Kübel: ✔
Herkunft: Züchter Meilland, 2000 eingeführt
Besonderes: hitzeverträglich, regenfest, für niedrige Hecken

Pink Roadrunner®

Blüte: rosa, halb gefüllt, schalenförmig
Duft: kräftig
Wuchs: 70 cm bis 80 cm hoch, breit buschig, bogig überhängend, sehr wüchsig
Blattgesundheit:
Kübel: ✔
Herkunft: Züchter Uhl/W. Kordes' Söhne, 2001 eingeführt
Besonderes: ideal für Flächenpflanzungen, Rugosa-Hybride

Pink Swany® ADR 2003

Blüte: kräftig rosa, stark gefüllt, nostalgische Blütenform
Wuchs: 50 cm bis 60 cm hoch, buschig kompakt
Blattgesundheit: bis
Kübel: ✔
Herkunft: Züchter Meilland, 2003 eingeführt
Besonderes: hitzeverträglich, regenfest, auch als Beetrose verwendbar

Play Rose® ADR 1989

Blüte: rosa, halb gefüllt
Duft: zart
Wuchs: 60 cm bis 80 cm hoch, breit buschig
Blattgesundheit:
Kübel: ✔
Herkunft: Züchter Meilland, 1989 eingeführt
Besonderes: hitzeverträglich, regenfest, auffälliger Fruchtschmuck, auch als Beetrose verwendbar

Satina® ADR 2004

Blüte: altrosa, halb gefüllt, groß
Duft: zart
Wuchs: bis 40 cm hoch, buschig kompakt
Blattgesundheit:
Kübel: ✔
Herkunft: Züchter Rosen Tantau, 1992 eingeführt
Besonderes: sehr gut für kleine Pflanzbereiche, hitzeverträglich

Schneeflocke® ADR 1991

Blüte: leuchtend weiß, halb gefüllt
Duft: zart
Wuchs: 40 cm bis 50 cm hoch, buschig kompakt
Blattgesundheit: bis
Kübel: ✔
Herkunft: Züchter Noack, 1991 eingeführt
Besonderes: hitzeverträglich, regenfest, reichblühend

Schöne Dortmunderin®

Blüte: intensives Rosa, in Dolden, halb gefüllt
Wuchs: 60 cm bis 70 cm hoch, buschig aufrecht
Blattgesundheit:
Herkunft: Züchter Noack, 1991 eingeführt
Besonderes: hitzeverträglich, enorme Blütenmenge, auch als Beetrose verwendbar

Sea Foam

Blüte: leuchtend weiß, zartrosa überhaucht, gut gefüllt
Duft: zart
Wuchs: bis 60 cm hoch, bogenförmig und niederliegend, schnell nachtreibend
Blattgesundheit: 🍃🍃🍃
Kübel: ✔
Herkunft: Züchter E.W. Schwartz, 1964 eingeführt
Besonderes: reicher Blütenflor, hitzeverträglich, gute Bodendeckung

Sedana®

Blüte: cremeorange bis apricot, halb gefüllt
Wuchs: 60 cm bis 70 cm hoch, breit buschig
Blattgesundheit: 🍃🍃🍃
Kübel: ✔
Herkunft: Züchter Noack, 2005 eingeführt
Besonderes: attraktive Blütenfarbe in schönem Kontrast zu glänzender Belaubung

Simply® ADR 2002

Blüte: hellrosa, halb gefüllt, Blüten in Rispen angeordnet
Wuchs: 80 cm bis 100 cm hoch, aufrecht buschig, zum Teil überhängend
Blattgesundheit: 🍃🍃🍃
Kübel: ✔
Herkunft: Züchter Noack, 2003 eingeführt
Besonderes: hitzeverträglich, regenfest, reichblühend

Smart Roadrunner®

Blüte: dunkelrosa, halb gefüllt, in Dolden
Duft: kräftig
Wuchs: 60 cm bis 70 cm hoch, breit buschig
Blattgesundheit: 🍃🍃🍃 bis 🍃🍃🍃🍃
Kübel: ✔
Herkunft: Züchter Uhl/W. Kordes' Söhne, 2002 eingeführt
Besonderes: ideal für Flächenpflanzung, Rugosa-Hybride, intensive Blütenfarbe

Soft Meidiland® ADR 2005

Blüte: porzellanrosa
Wuchs: 40 cm bis 60 cm hoch
Blattgesundheit: 🍃🍃🍃 bis 🍃🍃🍃🍃
Kübel: ✔
Herkunft: Züchter Meilland, 2004 eingeführt
Besonderes: sehr gleichmäßiger Blütenflor, harmonischer Wuchscharakter

Sommerwind® ADR 1987

Blüte: leuchtend reinrosa, halb gefüllt, in lockeren Büscheln, Blütenblätter gekerbt
Wuchs: bis 60 cm hoch, breit buschig
Blattgesundheit: 🍃🍃 bis 🍃🍃🍃
Kübel: ✔
Herkunft: Züchter W. Kordes' Söhne, 1985 eingeführt
Besonderes: robust, hitzeverträglich, reichblühend, vielseitig verwendbar, auch als Beetrose geeignet

Sunny Rose® ADR 2004

Blüte: hellgelb, halb gefüllt, meist in Dolden
Wuchs: bis 40 cm hoch, breit bis niederliegend wachsend
Blattgesundheit: bis
Kübel: ✔
Herkunft: Züchter W. Kordes' Söhne, 2001 eingeführt
Besonderes: hitzeverträglich, regenfest, reichblühend

Sweet Haze® ADR 2004

Blüte: rosa, ungefüllt, vollständig selbstreinigend
Duft: zart
Wuchs: bis 60 cm hoch, buschig
Blattgesundheit: bis
Kübel: ✔
Herkunft: Züchter Rosen Tantau, 2003 eingeführt
Besonderes: hitzeverträglich, regenfest, sehr reichblühend

Sweet Meidiland®

Blüte: hellrosa, ungefüllt, ballförmige Blüten
Wuchs: 60 cm bis 70 cm hoch, breit buschig
Blattgesundheit: bis
Herkunft: Züchter Meilland, 2003 eingeführt
Besonderes: hitzeverträglich

Sweet Pretty®

Blüte: weiß mit rosa Hauch, einfachblühend, ungefüllt, markante Staubgefäße
Wuchs: 60 cm bis 80 cm hoch, breit buschig wachsend
Blattgesundheit: bis
Kübel: ✔
Herkunft: Züchter Meilland, 2005 eingeführt
Besonderes: ideal für naturnahe Gärten, Bienenweide

The Fairy

Blüte: hellrosa, dicht gefüllt, in großen Dolden
Wuchs: bis 60 cm hoch, buschig bis überhängend
Blattgesundheit:
Kübel: ✔
Herkunft: Züchter Bentall, 1932 eingeführt
Besonderes: gut gefüllte Blüten, Klassiker

Venice® ADR 2002

Blüte: weiß, ungefüllt, wunderschöne gelbe Staubgefäße, Wildrosencharakter
Wuchs: 80 cm bis 100 cm hoch, buschig
Blattgesundheit:
Herkunft: Züchter Noack, 2003 eingeführt
Besonderes: hitzeverträglich, gute Bodendeckung

Bodendeckerrosen

Die echten Bodendeckerrosen stellen eine Untergruppe der Kleinstrauchrosen dar, in die Sorten mit besonders niedrigem, kriechendem Wuchscharakter eingeordnet werden, die dabei eine Wuchshöhe von 30 bis 50 cm nicht überschreiten. Sie eignen sich zwar auch für flächige Pflanzungen, kommen aber am besten zur Geltung, wenn man sie von Mauerkronen herabhängen lässt. Noch viel zu selten wird das Potential der stärker wachsenden Sorten als Kletterrose genutzt – manch unansehnlicher Zaun könnte so zu einer blühenden Augenweide werden.

Alcantara®

Blüte: dunkelrot, ungefüllt, sehr starker zweiter Flor
Wuchs: bis 50 cm hoch, buschig ausgebreitet, bogig überhängend
Blattgesundheit:
Kübel: ✔
Herkunft: Züchter Noack, 1999 eingeführt
Besonderes: sehr hitzeverträglich, auch bei extremer Hitze nicht verblassend

Alpenglühen®

Blüte: leuchtend signalrot, leicht gefüllt
Wuchs: bis 50 cm hoch, flach bis bogig überhängend
Blattgesundheit:
Kübel: ✔
Herkunft: Züchter Rosen Tantau, 2003 eingeführt
Besonderes: gute Bodendeckerfähigkeit, sehr hitzeverträglich

Apfelblüte® 1991

Blüte: reinweiß, ungefüllt, in Dolden, leuchtend hellgelbe Staubgefäße
Wuchs: bis 50 cm hoch, niedrig buschig, kompakt
Blattgesundheit: bis
Kübel: ✔
Herkunft: Züchter Noack, 1990 eingeführt
Besonderes: gute Bodendeckerfähigkeit, hitzeverträglich

Gärtnerfreude® 2001

Blüte: himbeerrot, stark gefüllt, nicht verblauend
Wuchs: bis 50 cm hoch, breit buschig
Blattgesundheit: bis
Kübel: ✔
Herkunft: Züchter W. Kordes' Söhne, 1999 eingeführt
Besonderes: hitzeverträglich, regenfest, gute Blütenfüllung, schöner Kontrast zwischen Blüten und Blättern

Ice Meidiland®

Blüte: weiß, halb gefüllt
Wuchs: bis 50 cm hoch, stark und schnell wachsend
Blattgesundheit:
Herkunft: Züchter Meilland, 1996 eingeführt
Besonderes: große, olivenförmige Hagebutten, hitzeverträglich, regenfest, gute Bodendeckerfähigkeit, Vogelnährgehölz

Knirps® ADR 2004

Blüte: kräftig rosa, stark gefüllt
Wuchs: bis 30 cm hoch, niederliegend, kompakt
Blattgesundheit: 🍃🍃🍃 bis 🍃🍃🍃🍃
Kübel: ✔
Herkunft: Züchter W. Kordes' Söhne, 1997 eingeführt
Besonderes: ideal für kleine Gärten, hitzeverträglich

Magic Meidiland®

Blüte: karminrosa, gefüllt
Duft: zart
Wuchs: 40 cm bis 50 cm hoch, kompakt niederliegend bis bogig überhängend
Blattgesundheit: 🍃🍃🍃 bis 🍃🍃🍃🍃
Herkunft: Züchter Meilland, 1992 eingeführt
Besonderes: deckt den Boden schnell ab, hitzeverträglich, regenfest

Medeo® ADR 2001

Blüte: weiß, leicht rosa, ungefüllt, dichte, rispenartige Blütenstände
Duft: zart
Wuchs: bis 50 cm hoch, flach, mittelstark wachsend
Blattgesundheit: 🍃🍃🍃🍃
Kübel: ✔
Herkunft: Züchter W. Kordes' Söhne, 2003 eingeführt
Besonderes: Verbesserung der Sorte 'Immensee', da öfterblühend und weniger wüchsig

Schneekönigin® ADR 1995

Blüte: strahlend weiß mit gelber Mitte, halb gefüllt
Duft: angenehm
Wuchs: bis 50 cm hoch, bogig überhängend
Blattgesundheit: 🍃🍃🍃
Kübel: ✔
Herkunft: Züchter Rosen Tantau, 1992
Besonderes: Sorte mit Ausstrahlungskraft, sehr gute Bodendeckerfähigkeit, hitzeverträglich, überreich blühend

Sommerabend® ADR 1996

Blüte: leuchtend rot, ungefüllt, klein, schalenförmig, in dichten Büscheln
Wuchs: bis 30 cm hoch, sehr buschig, niederliegend, breit wüchsig
Blattgesundheit: 🍃🍃🍃 bis 🍃🍃🍃🍃
Herkunft: Züchter W. Kordes' Söhne, 1995 eingeführt
Besonderes: auch als Kletterrose zu verwenden, blüht öfter und reicher, hitzeverträglich

Sternenflor®

Blüte: kleine weiße Sternchenblüten, ungefüllt, blüht üppig in Dolden
Duft: zart
Wuchs: 30 cm bis 40 cm hoch, sehr flach wachsend
Blattgesundheit: 🍃🍃🍃
Kübel: ✔
Herkunft: Züchter Schultheis, 1989 eingeführt
Besonderes: hitzeverträglich, für Vorpflanzungen geeignet

Strauchrosen

Als Strauchrosen bezeichnet man besonders wüchsige und starktriebige Rosensorten, die eine Höhe von mindestens 1,20 m bis hin zu 2 m und mehr erreichen können. Die modernen Strauchrosen sind überwiegend öfterblühend, es gibt aber auch Sorten, die nur einen Blütenflor pro Sommer zeigen und sich dafür zeitig im Herbst mit leuchtend roten Hagebutten schmücken.
Die reiche Farbpalette der Strauchrosen hat für jeden Geschmack etwas zu bieten, und die Blütenformen der verschiedenen Sorten reichen von ungefüllten, schalenförmigen bis hin zu großblumigen, eleganten oder auch stark gefüllten Blüten. Die meisten Sorten zeigen gute Frosthärte und trotzen Krankheiten erfolgreich. Der Wuchscharakter von Strauchrosen kann straff aufrecht, bei weichtriebigen Sorten aber auch bogig überhängend sein und ebenso vielseitig sind auch die Verwendungsmöglichkeiten. Sie eignen sich für den Einzelstand, als Rosenhecke zur Begrenzung von Gärten und tolerieren auch stärker wachsende Stauden oder andere Begleiter in gemischten Pflanzungen. In geschützten Lagen, wo nicht die Gefahr von Frostschäden droht, lassen sich einige wuchskräftige Sorten sogar als Kletterrose ziehen.

Angela® 1982

Blüte: pink, schimmerndes, kräftiges Altrosa, leicht gefüllt
Wuchs: bis 120 cm hoch, aufrecht, breit buschig, kompakt
Blattgesundheit:
Kübel: ✔
Herkunft: Züchter W. Kordes' Söhne, 1984 eingeführt
Besonderes: hitzeverträglich, regenfest, reich und lang blühend

Astrid Lindgren®

Blüte: hellrosa, gefüllt, mittelgroß, rundliche Knospen
Duft: zart
Wuchs: 100 cm bis 150 cm hoch, aufrecht buschig, kräftig
Blattgesundheit: bis
Herkunft: Züchter Poulsen, 1989 eingeführt
Besonderes: hitzeverträglich, glänzende Belaubung

Belvedere®

Blüte: bernsteinfarben bis orange, stark gefüllt
Duft: angenehm
Wuchs: 120 cm bis 150 cm hoch, aufrecht, bogig überhängend wachsend
Blattgesundheit: bis
Herkunft: Züchter Rosen Tantau, 2001 eingeführt
Besonderes: sehr hitzeverträglich, gut nachblühend

Bonanza® 1984

Blüte: leuchtend gelb mit rotem Rand, locker gefüllt
Duft: zart
Wuchs: 150 cm bis 200 cm hoch, aufrecht buschig, stark wüchsig
Blattgesundheit:
Herkunft: Züchter W. Kordes' Söhne, 1983 eingeführt
Besonderes: lebhaftes Farbspiel

Calapuno®

Blüte: cremegelb, halb gefüllt
Duft: ✔
Wuchs: 120 cm bis 150 cm hoch, aufrecht buschig, bogig überhängend
Blattgesundheit: 🍃🍃🍃
Herkunft: Züchter Noack, 2005 eingeführt
Besonderes: attraktive Blütenfarbe, glänzende Belaubung

Caramella®

Blüte: hellbernsteingelb, stark gefüllt, romantische Form
Duft: zart
Wuchs: 120 cm bis 150 cm hoch, aufrecht buschig
Blattgesundheit: 🍃🍃🍃
Herkunft: Züchter W. Kordes' Söhne, 2001 eingeführt
Besonderes: hitzeverträglich, lieblicher Farbton, reichblühend

Centenaire de Lourdes®

Blüte: dunkelrosa, gefüllt
Duft: leicht
Wuchs: bis 130 cm hoch, aufrecht buschig, bogig überhängend
Blattgesundheit: 🍃🍃🍃
Herkunft: Züchter Delbard-Chabert, 1958 eingeführt
Besonderes: hitzeverträglich, regenfest

Chippendale®

Blüte: dunkelorange, nostalgisch gefüllt
Duft: kräftig
Wuchs: 80 cm bis 120 cm hoch
Blattgesundheit: abschließende Bewertung nicht möglich
Kübel: ✔
Herkunft: Züchter Tantau, 2005 eingeführt
Besonderes: für Vasenschnitt geeignet, gut remontierend

Cinderella®

Blüte: zartrosa, gefüllt, groß, ballförmig, nostalgische Blüte
Duft: kräftig
Wuchs: bis 150 cm hoch, aufrecht, sehr buschig überhängend
Blattgesundheit: 🍃🍃🍃
Herkunft: Züchter W. Kordes' Söhne, 2003 eingeführt
Besonderes: mit dem Charme alter Rosen, in milden Lagen auch als Kletterrose, hitzeverträglich

Colette®

Blüte: hell- und dunkelapricot, gefüllt, rosettenartig
Duft: angenehm
Wuchs: bis 200 cm hoch, aufrecht buschig, bogig überhängend
Blattgesundheit: 🍃🍃 bis 🍃🍃🍃
Herkunft: Züchter Meilland, 1993 eingeführt
Besonderes: außerordentlich reichblühend, hitzeverträglich

Cookie®

Blüte: leuchtend rot, leicht gefüllt
Wuchs: aufrecht, 100 cm bis 150 cm hoch
Blattgesundheit:
Herkunft: Züchter Meilland, 2002 eingeführt
Besonderes: sehr regenfeste Blüten, hitzeverträglich

Dinky®

Büte: kräftiges, dunkles Pink, nicht verblassend
Wuchs: 90 cm bis 120 cm hoch, buschig aufrecht mit überhängenden Trieben
Blattgesundheit: bis
Herkunft: Züchter A. Velle, 2002 eingeführt
Besonderes: hitzeverträglich

Eden Rose® 85

Blüte: weiß bis rosa, gefüllt, große Blüten im Stil Alter Rosen
Duft: zart
Wuchs: 150 cm bis 200 cm hoch, aufrecht buschig, überhängend
Blattgesundheit:
Kübel: ✔
Herkunft: Züchter Meilland, 1985 eingeführt
Besonderes: hitzeverträglich, Vasenschnitt, in milden Lagen auch als Kletterrose

Emil Nolde®-Rose

Blüte: gelb, halb gefüllt, zahlreich
Duft: zart
Wuchs: 100 cm bis 120 cm hoch, buschig
Blattgesundheit: bis
Kübel: ✔
Herkunft: Züchter Rosen Tantau, 2001 eingeführt
Besonderes: sehr hitzeverträglich, vielseitig verwendbar

Felicitas® ADR 1996

Blüte: karminrosa, ungefüllt, Wildrosencharakter
Duft: zart
Wuchs: bis 120 cm hoch, buschig ausladend, bogig überhängend
Blattgesundheit: bis
Herkunft: Züchter W. Kordes' Söhne, 1998 eingeführt
Besonderes: hitzeverträglich, regenfest, auch als Kletterrose, reichblühend

Flora Romantica®

Blüte: cremeweiß, gefüllt, rosettenartig, nostalgische Form
Duft: zart
Wuchs: 120 cm bis 150 cm hoch, aufrecht buschig
Blattgesundheit:
Herkunft: Züchter Meilland, 1998 eingeführt
Besonderes: hitzeverträglich, liebt nährstoffreiche und sonnige Standorte

Grand Hotel® ADR 1997

Blüte: leuchtend blutrot mit samtigem Schimmer, dicht gefüllt, edelrosenartig
Wuchs: bis 200 cm hoch, starkwüchsig, aufrecht buschig bis übergeneigt
Blattgesundheit: bis
Herkunft: Züchter McGredy, 1975 eingeführt
Besonderes: wetterbeständige Blüten, hitzeverträglich

Herzogin Frederike®

Blüte: lachsrosa, mit gelber Mitte, halb gefüllt
Wuchs: bis 150 cm hoch, aufrecht buschig, bogig überhängend
Blattgesundheit:
Herkunft: Züchter Noack, 2002 eingeführt
Besonderes: hitzeverträglich, regenfest, anmutiges Farbspiel von Lachs bis Gelb

Johannes Rau®

Blüte: dunkelgelb, außen leicht rosa, gefüllt
Wuchs: bis 120 cm hoch, aufrecht buschig
Blattgesundheit: bis
Kübel: ✔
Herkunft: Züchter Noack, 2001 eingeführt
Besonderes: unkomplizierte Rose, hitzeverträglich

Kaiser von Lautern®

Blüte: karamellfarben, halb gefüllt
Duft: angenehm
Wuchs: bis 150 cm hoch, locker elegant
Blattgesundheit:
Herkunft: Züchter Michler, 2000 eingeführt
Besonderes: hitzeverträglich, regenfest

Lichtkönigin Lucia®

Blüte: kräftig zitronengelb, gefüllt
Duft: angenehm
Wuchs: 120 cm bis 150 cm hoch, aufrecht buschig
Blattgesundheit: bis
Herkunft: Züchter W. Kordes' Söhne, 1966 eingeführt
Besonderes: regenfest, reichblühend

Michka®

Blüte: goldgelb, gefüllt
Wuchs: 120 cm bis 150 cm hoch, aufrecht buschig
Blattgesundheit: bis
Herkunft: Züchter Meilland, 1998 eingeführt
Besonderes: sehr blühwillig, glänzende Belaubung

Mozart

Blüte: dunkelrosa mit weißem Auge, in reichen Dolden
Duft: zart
Wuchs: 100 cm bis 120 cm hoch, breit buschig, überhängend,
Blattgesundheit: 🍃🍃🍃
Kübel: ✔
Herkunft: Züchter Lambert, 1937 eingeführt
Besonderes: runde, orange Hagebutten im Herbst

Olivier Roellinger®

Blüte: gelb, dunkelrosa, groß, locker gefüllt
Wuchs: bis 150 cm hoch, kräftig, buschig
Blattgesundheit: 🍃🍃🍃
Herkunft: Züchter Delbard, 2002 eingeführt
Besonderes: reichblühend, vielseitig verwendbare Strauchrose mit Wildrosencharakter, hitzeverträglich, Sortenschutzname: delkal

Polka® 91

Blüte: bernsteingelb, gefüllt
Duft: angenehm
Wuchs: bis 150 cm hoch, aufrecht buschig
Blattgesundheit: 🍃🍃 bis 🍃🍃🍃
Herkunft: Züchter Meilland, 1991 eingeführt
Besonderes: hitzeverträglich, liebt nährstoffreiche, sonnige Standorte, in milden Lagen auch als Kletterrose

Postillion® ADR 1996

Blüte: leuchtend gelb, gefüllt
Duft: kräftig
Wuchs: bis 160 cm hoch, kräftig, aufrecht
Blattgesundheit: 🍃🍃🍃 bis 🍃🍃🍃🍃
Herkunft: Züchter W. Kordes' Söhne, 1998 eingeführt
Besonderes: hitzeverträglich, regenfest, reichblühend

Red Eden Rose®

Blüte: weinrot, dicht gefüllte, große, nostalgische Blüten
Duft: angenehm
Wuchs: 120 cm bis 150 cm hoch, aufrecht buschig,
Blattgesundheit: 🍃🍃 bis 🍃🍃🍃
Herkunft: Züchter Meilland, 2002 eingeführt
Besonderes: hitzeverträglich, für Vasenschnitt geeignet

Rhapsody in Blue

Blüte: purpurviolett mit weißer Mitte und gelben Staubgefäßen, im Verblühen graublau, halb gefüllt
Duft: angenehm
Wuchs: bis 150 cm hoch, straff aufrecht
Blattgesundheit: 🍃🍃
Herkunft: Züchter Cowlishaw/Warner, 2002 eingeführt
Besonderes: regenfest, ungewöhnliche Blütenfarbe, auch als Beetrose verwendbar

Rokoko®

Blüte: cremegelb, halb gefüllt, romantische Blüte
Duft: zart
Wuchs: 120 cm bis 150 cm hoch, buschig aufrecht
Blattgesundheit:
Herkunft: Züchter Rosen Tantau, 1987 eingeführt
Besonderes: hitzeverträglich, regenfest

Romanze®

Blüte: leuchtend pink, gefüllt
Duft: zart
Wuchs: 120 cm bis 150 cm hoch, aufrecht buschig
Blattgesundheit: bis
Herkunft: Züchter Rosen Tantau, 1984 eingeführt
Besonderes: hitzeverträglich, regenfest, reichblühend, auffallender Herbstflor

Rosario®

Blüte: leuchtend reinrosa, gefüllt, groß, in lockeren Dolden
Duft: zart
Wuchs: 120 cm bis 150 cm hoch, stark bogig überhängend
Blattgesundheit: bis
Herkunft: Züchter Rosen Tantau, 1993 eingeführt
Besonderes: schöner Kontrast zwischen Blüten und Blättern, sehr hitzeverträglich

Rosarium Uetersen®

Blüte: tief rosa, später aufhellend, dicht gefüllt, romatische Blüte
Duft: zart
Wuchs: 120 cm bis 150 cm hoch, buschig, zum Teil überhängend
Blattgesundheit:
Herkunft: Züchter W. Kordes' Söhne, 1977 eingeführt
Besonderes: hitzeverträglich, regenfest, auch als Kletterrose verwendbar

Rosenstadt Freising®

Blüte: zweifarbig, weiß mit rotem Rand, gefüllt
Wuchs: bis 120 cm hoch, aufrecht buschig
Blattgesundheit:
Kübel: ✔
Herkunft: Züchter W. Kordes' Söhne, 2003 eingeführt
Besonderes: besticht mit ihrem Farbenspiel, hitzeverträglich

Rote Woge® ADR 1992

Blüte: dunkelrot, gefüllt
Wuchs: 80 cm bis 130 cm hoch, aufrecht buschig
Blattgesundheit: bis
Kübel: ✔
Herkunft: Züchter Meilland, 1991 eingeführt
Besonderes: hitzeverträglich, auch für flächige Pflanzungen geeignet

Roter Korsar® ADR 2005

Blüte: dunkelrot, sehr leuchtend, nicht verblauend, halb gefüllt
Duft: zart
Wuchs: 120 cm bis 150 cm hoch, buschig aufrecht bis zum Teil überhängend, sehr wüchsig
Blattgesundheit:
Herkunft: Züchter W. Kordes' Söhne, 2004 eingeführt
Besonderes: hitzeverträglich, regenfest, reichblühend, in günstigen Lagen auch als Kletterrose

Royal Show®

Blüte: kirschrot, halb gefüllt
Wuchs: 150 cm bis 200 cm hoch, breit buschig
Blattgesundheit: bis
Herkunft: Züchter Meilland, 1983 eingeführt
Besonderes: Standorte mit Hitzerückstrahlung (zum Beispiel Hauswände) vermeiden

Rugelda® ADR 1992

Blüte: zitronengelb, rötlich gerandet, stark gefüllt, groß, in Büscheln
Duft: zart
Wuchs: bis 180 cm hoch, buschig, aufrecht, vieltriebig, stark wüchsig
Blattgesundheit:
Herkunft: Züchter W. Kordes' Söhne, 1989 eingeführt
Besonderes: ideal für Heckenpflanzung, da starke Bestachelung

Rush®

Blüte: rosa mit weißem Auge, ungefüllt
Duft: zart
Wuchs: bis 120 cm hoch, aufrecht buschig, stark wachsend, leicht überhängend
Blattgesundheit:
Kübel: ✔
Herkunft: Züchter L. Lens, 1983 eingeführt
Besonderes: regenfest, als Hecke, reichblühend

Saremo® ADR 1998

Blüte: dunkelrosa, gefüllt
Duft: zart
Wuchs: bis 120 cm hoch, aufrecht buschig
Blattgesundheit:
Kübel: ✔
Herkunft: Züchter Noack, 1999 eingeführt
Besonderes: hitzeverträglich, dekorativer Hagebuttenschmuck

Schloss Eutin®

Blüte: zart apricot mit dunkler Mitte, stark gefüllt, kamelienähnlich
Duft: zart
Wuchs: 120 cm hoch und 60 cm breit
Blattgesundheit:
Kübel: ✔
Herkunft: Züchter W. Kordes' Söhne, 2005 eingeführt
Besonderes: Farbmutation der beliebten Strauchrose 'Bremer Stadtmusikanten'

Schneewittchen®

Blüte: schneeweiß, halbgefüllt
Duft: zart
Wuchs: bis 120 cm hoch, locker buschig, bogig überhängend
Blattgesundheit: 🍃🍃
Herkunft: Züchter W. Kordes' Söhne, 1958 eingeführt
Besonderes: hitzeverträglich, sehr reichblühend, auch als Beetrose verwendbar, Klassiker

Tascaria® ADR 2004

Blüte: samtig rot
Duft: zart
Wuchs: bis 110 cm hoch, aufrecht buschig, kompakt
Blattgesundheit: 🍃🍃🍃 bis 🍃🍃🍃🍃
Herkunft: Züchter Noack, 2005 eingeführt
Besonderes: lang anhaltende Blüte, regenfest, hitzeverträglich

Tornella®

Blüte: leuchtend rot, stark gefüllt
Wuchs: bis 150 cm hoch, aufrecht buschig, bogig überhängend
Blattgesundheit: 🍃🍃🍃
Herkunft: Züchter Noack, 2005 eingeführt
Besonderes: glänzende Belaubung, hitzeverträglich, regenfest

Ulmer Münster®

Blüte: leuchtend blutrot, gefüllt, sehr groß, in Büscheln
Duft: zart
Wuchs: bis 150 cm hoch, aufrecht buschig, starktriebig
Blattgesundheit: 🍃🍃🍃
Herkunft: Züchter W. Kordes' Söhne, 1982 eingeführt
Besonderes: reicher Herbstflor, hitzeverträglich

Westerland® ADR 1974

Blüte: hell- und dunkelkupfer-orange, gefüllt
Duft: kräftig
Wuchs: bis 150 cm hoch, aufrecht buschig, stark wachsend
Blattgesundheit: 🍃🍃🍃
Herkunft: Züchter W. Kordes' Söhne, 1969 eingeführt
Besonderes: hitzeverträglich, reichblühend, haltbare Blüten

White Haze® ADR 2003

Blüte: strahlend weiß mit gelber Mitte, ungefüllt
Duft: zart
Wuchs: 100 cm bis 130 cm hoch, kompakt buschig
Blattgesundheit: 🍃🍃🍃 bis 🍃🍃🍃🍃
Herkunft: Züchter Tantau, 2005 eingeführt
Besonderes: hitzeverträglich, regenfest, reichblühend, haltbare Blüten, Wildrosenduft

Englische Rosen

Mit diesem Oberbegriff werden ausnahmslos Rosen des englischen Züchters David Austin bezeichnet. Gelegentlich findet man sie den Alten Rosen zugeordnet, was fachlich nicht korrekt ist. Bei den Englischen Rosen handelt es sich um Moderne Rosen. David Austin ist es erfolgreich gelungen, den Charme der historischen Sorten und ihren Duft mit Eigenschaften und Farben der Modernen Rosen zu kombinieren und leitete so die Renaissance der nostalgischen Blütenform ein. Nicht alle seine Rosen haben sich aber im raueren deutschen Klima bewährt – hier eine Auswahl empfehlenswerter Sorten.

Abraham Darby®

Blüte: gelborange bis apricot, dicht gefüllt, nostalgische Form
Duft: kräftig
Wuchs: 150 cm bis 200 cm hoch, aufrecht buschig, zum Teil überhängend, schnell wachsend
Blattgesundheit:
Herkunft: Züchter Austin, 1985 eingeführt
Besonderes: hitzeverträglich, reichblühend

Benjamin Britten®

Blüte: intensiv lachsrosa, stark gefüllt, nostalgische Form
Duft: kräftig
Wuchs: 150 cm hoch, aufrecht buschig, zum Teil überhängend
Blattgesundheit: bis
Herkunft: Züchter David Austin, 2001 eingeführt
Besonderes: hitzeverträglich, regenfest

Crown Princess Margareta

Blüte: satt aprikosenorange, stark gefüllt, nostalgische Form
Duft: kräftig
Wuchs: bis 150 cm hoch, aufrecht buschig, zum Teil überhängend
Blattgesundheit:
Herkunft: Züchter David Austin, 1999 eingeführt
Besonderes: hitzeverträglich, regenfest, in geschützten Lagen auch als Kletterrose verwendbar

Falstaff

Blüte: dunkelkarminrot, nach Purpur verfärbend, stark gefüllt, nostalgische Form
Duft: kräftig
Wuchs: als Strauchrose bis 200 cm, buschig, zum Teil überhängend
Blattgesundheit:
Herkunft: Züchter David Austin, 1999 eingeführt
Besonderes: hitzeverträglich, in geschützten Lagen auch als Kletterrose

Golden Celebration®

Blüte: intensiv goldgelb, stark gefüllt, nostalgische Form
Duft: kräftig
Wuchs: 150 cm hoch, große, sehr buschige, zum Teil überhängende Strauchrose
Blattgesundheit:
Herkunft: Züchter David Austin, 1992 eingeführt
Besonderes: hitzeverträglich, leicht überhängende Triebe

Graham Thomas®

Blüte: bernsteinfarben, hellt beim Verblühen zu Gelb auf, dicht gefüllt, nostalgische Form
Duft: kräftig
Wuchs: 120 cm bis 150 cm hoch, aufrecht buschig, zum Teil überhängend
Blattgesundheit: 🍃🍃🍃
Herkunft: Züchter David Austin, 1983 eingeführt
Besonderes: hitzeverträglich, regenfest, reichblühend, Klassiker

Heritage®

Blüte: hellrosa, dicht gefüllt, becherförmig, nostalgische Form
Duft: kräftig
Wuchs: 100 cm bis 120 cm hoch, aufrecht buschig, schnell wachsend, zum Teil überhängend
Blattgesundheit: 🍃🍃 bis 🍃🍃🍃
Herkunft: Züchter Austin, 1984 eingeführt
Besonderes: hitzeverträglich

Mary Rose®

Blüte: rosa, gefüllt, nostalgische Form
Duft: zart
Wuchs: bis 120 cm hoch, strauchartig, zum Teil überhängend
Blattgesundheit: 🍃🍃 bis 🍃🍃🍃
Herkunft: Züchter David Austin, 1983 eingeführt
Besonderes: sehr hitzefest, regenfest

Teasing Georgia®

Blüte: hellgelb, stark gefüllt, nostalgische Form
Duft: intensiv
Wuchs: bis 120 cm hoch, aufrecht, bogig überhängend
Blattgesundheit: 🍃🍃 bis 🍃🍃🍃
Herkunft: Züchter David Austin, 1998 eingeführt
Besonderes: kräftig und doch anmutiger Wuchscharakter

The Mayflower

Blüte: in reinem Rosarot, stark gefüllt, nostalgische Form
Duft: kräftig
Wuchs: bis 150 cm, buschig, rundlich, zum Teil überhängend
Blattgesundheit: 🍃🍃🍃
Herkunft: Züchter David Austin, 2001 eingeführt
Besonderes: hitzeverträglich

Winchester Cathedral®

Blüte: weiß, reich gefüllt, flach becherförmig, nostalgische Form
Duft: kräftig
Wuchs: bis 150 cm hoch, buschige, rundlich kompakt wachsende Strauchrose, zum Teil überhängend
Blattgesundheit: 🍃🍃 bis 🍃🍃🍃
Herkunft: Züchter David Austin, 1988 eingeführt
Besonderes: hitzeverträglich

Kletterrosen

Die Gruppe der Kletterrosen ist sehr umfangreich und lässt sich in verschiedene Typen aufteilen. Kletterrosen mit großen Blüten und steifen, aufrechten Trieben, die angebunden werden müssen, nennt man „Climber".
Die meisten dieser Sorten sind öfterblühend und erreichen eine Wuchshöhe zwischen 2 und 3 m.
Es gibt aber auch einmalblühende Typen, die stärker wachsen und Höhen von über 5 m erreichen können. Die großblumigen Kletterrosen sind bestens geeignet, um Wände zu begrünen oder sie freistehend an Lauben oder Obelisken zu platzieren.

Aloha – Kordes' Rose Aloha®

Blüte: apricot- bis lachsorange, stark gefüllt
Duft: angenehm
Wuchs: bis 250 cm hoch, schnell wachsend
Blattgesundheit:
Herkunft: Züchter W. Kordes' Söhne, 2003 eingeführt
Besonderes: hitzeverträglich, stark bestachelt, glänzende Belaubung

Albertine

Blüte: helles Orange bis Rosa, einmalblühend
Duft: intensiv
Wuchs: bis 450 cm hoch, sehr wüchsig
Blattgesundheit:
Herkunft: Züchter Barbier, 1921 eingeführt
Besonderes: zuverlässige Sorte, auch für schwierige Standorte

Antike 89®

Blüte: cremeweiß mit rotem Rand, stark gefüllt, nostalgische Form
Wuchs: bis 250 cm hoch, schnell wachsend, willig kletternd
Blattgesundheit: bis
Herkunft: Züchter W. Kordes' Söhne, 1988 eingeführt
Besonderes: hitzeverträglich, erinnert durch ihre prall gefüllte Blüte an Alte Rosen

Barock®

Blüte: gelb bis cremegelb, stark gefüllt, ballförmig
Duft: angenehm
Wuchs: bis 250 cm hoch, aufrecht kletternd, buschig, vieltriebig
Blattgesundheit: bis
Herkunft: Züchter Rosen Tantau, 1999 eingeführt
Besonderes: hitzeverträglich, regenfest, auch als Strauchrose möglich

Belkanto®

Blüte: samtrot, gefüllt, sehr edel
Wuchs: bis 250 cm hoch, aufrecht kletternd
Blattgesundheit:
Herkunft: Züchter Noack, 2004 eingeführt
Besonderes: hitzeverträglich, regenfest, langanhaltende Blüte

Colonia® – Meillands Rose Colonia®

Blüte: dunkelrot
Wuchs: 200 cm bis 300 cm hoch, schnell wachsend, willig kletternd
Blattgesundheit: bis
Herkunft: Züchter Meilland, 1984 eingeführt
Besonderes: gute Fernwirkung, Standorte mit Hitzerückstrahlung vermeiden

Compassion® 1976

Blüte: helllachsorange, orange schattiert, großblütig, stark gefüllt, edle Blütenform
Duft: kräftig
Wuchs: 200 cm bis 250 cm hoch, aufrecht
Blattgesundheit: bis
Herkunft: Züchter Harkness, 1974 eingeführt
Besonderes: regenfest

Constance Spry

Blüte: rosa, dicht gefüllt, einmalblühend
Duft: kräftig
Wuchs: 180 cm bis 250 cm hoch, aufrecht, überhängend
Blattgesundheit: bis
Herkunft: Züchter Austin, 1961 eingeführt
Besonderes: gilt als die erste Englische Rose

Dortmund® 1954

Blüte: leuchtend blutrot mit weißem Auge, ungefüllt
Duft: zart
Wuchs: bis 350 cm hoch, kräftig, schnell wachsend
Blattgesundheit: bis
Herkunft: Züchter W. Kordes' Söhne, 1955
Besonderes: sehr hitzeverträglich, üppig blühende und beeindruckende Kletterrose, sehr frosthart, für raue Lagen, regenfest

Elfe®

Blüte: grünlich, elfenbein schimmernd, stark gefüllt, spät
Duft: zart
Wuchs: 250 cm bis 300 cm hoch, aufrecht kletternd
Blattgesundheit:
Herkunft: Züchter Rosen Tantau, 2000 eingeführt
Besonderes: sehr hitzeverträglich, edle Blütenform, ungewöhnliche Blütenfarbe

Fassadenzauber®

Blüte: leuchtend reinrosa, gefüllt, sehr edel
Wuchs: bis 250 cm hoch, aufrecht
Blattgesundheit:
Herkunft: Züchter Noack, 1997 eingeführt
Besonderes: hitzeverträglich, regenfest

Golden Gate®

Blüte: goldgelb, gefüllt
Duft: angenehm
Wuchs: 250 cm bis 300 cm hoch, starkwüchsig, schnell und willig kletternd
Blattgesundheit:
Herkunft: Züchter W. Kordes' Söhne, 2005 eingeführt
Besonderes: regenfest und hitzeverträglich

Graciosa®

Blüte: pastellrosa bis weiß, stark gefüllt, sehr edel
Duft: kräftig
Wuchs: bis 300 cm hoch, aufrecht
Blattgesundheit:
Herkunft: Züchter Noack, 2002 eingeführt
Besonderes: hitzeverträglich, regenfest

Guirlande d'Amour

Blüte: weiß, gefüllt
Duft: angenehm
Wuchs: 250 cm bis 300 cm hoch, buschig
Blattgesundheit:
Herkunft: Züchter L. Lens, 1993 eingeführt
Besonderes: regenfest, auch als Strauchrose verwendbar, hitzeverträglich, orangefarbiger Hagebuttenschmuck

Ilse Krohn superior®

Blüte: weiß, stark gefüllt, edel
Duft: zart
Wuchs: 200 cm bis 250 cm hoch, aufrecht bis überhängend
Blattgesundheit:
Herkunft: Züchter W. Kordes' Söhne, 1964 eingeführt
Besonderes: hitzeverträglich, regen- und wetterfeste Blüte, orangefarbige Herbstfärbung, reichblühend

Jasmina®

Blüte: rosa, stark gefüllte, pomponartige Blüten in reichen Dolden
Duft: kräftig
Wuchs: bis 200 cm hoch
Blattgesundheit:
Herkunft: Züchter W. Kordes' Söhne, 2005 eingeführt
Besonderes: sehr blühwillig, biegsame Triebe, muss aufgebunden werden, auch als Kaskadenrose auf Stamm

Kir Royal® ADR 2002

Blüte: seidenrosa, gefüllt, einmalblühend mit schwacher Nachblüte
Duft: zart
Wuchs: 250 cm bis 300 cm hoch, aufrecht bis überhängend
Blattgesundheit:
Herkunft: Züchter Meilland, 1995 eingeführt
Besonderes: regenfest, gute Frosthärte

Laguna®

Blüte: kräftig pink, stark gefüllt, romantische Blütenform
Duft: kräftig
Wuchs: bis 250 cm hoch, aufrecht buschig, bogig überhängend
Blattgesundheit: 3 Blätter bis 4 Blätter
Herkunft: Züchter W. Kordes' Söhne, 2004 eingeführt
Besonderes: reichblühend, glänzende Belaubung

Lawinia®

Blüte: leuchtend reinrosa, gefüllt, groß
Duft: angenehm
Wuchs: 200 cm bis 300 cm hoch, aufrecht kletternd
Blattgesundheit: 2 Blätter bis 3 Blätter
Herkunft: Züchter Rosen Tantau, 1980 eingeführt
Besonderes: hitzeverträglich

Looping®

Blüte: orange bis aprikosenfarbig, gefüllt
Duft: zart
Wuchs: 150 cm bis 200 cm hoch, aufrecht kletternd
Blattgesundheit: 2 Blätter
Herkunft: Züchter Meilland, 1977 eingeführt
Besonderes: hitzeverträglich, großblumig

Manita® ADR 1997

Blüte: dunkelrosa mit gelblich weißer Mitte, halbgefüllt, schalenförmig, leuchtende Staubgefäße
Duft: zart
Wuchs: bis 250 cm hoch, aufrecht kletternd bis überhängend, schnell wachsend
Blattgesundheit: 3 Blätter bis 4 Blätter
Herkunft: Züchter W. Kordes' Söhne, 1996 eingeführt
Besonderes: hitzeverträglich, reichblühend

Moonlight – Kordes' Rose Moonlight®

Blüte: kupfergelb, im Verblühen heller werdend mit rosa Hauch, leicht gefüllt
Duft: zart
Wuchs: 200 cm bis 250 cm hoch, stark wüchsig, reich verzweigt
Blattgesundheit: 3 Blätter bis 4 Blätter
Herkunft: Züchter W. Kordes' Söhne, 2004 eingeführt
Besonderes: hitzeverträglich, regenfest

Naheglut®

Blüte: samtig dunkelrot, gefüllt, Blüten im Stil alter Rosen
Duft: angenehm
Wuchs: 200 cm bis 300 cm hoch, aufrecht kletternd
Blattgesundheit: 2 Blätter bis 3 Blätter
Herkunft: Züchter Poulsen, 1997 eingeführt
Besonderes: haltbare Blüten, hitzeverträglich

Nahéma®

Blüte: hellrosa, dicht gefüllt, weich
Duft: kräftig
Wuchs: bis 250 cm hoch, kräftig, schnell und willig kletternd
Blattgesundheit: bis
Herkunft: Züchter Delbard, 1998 eingeführt
Besonderes: hitzeverträglich, reichblühend, empfindlich bei Dauerregen, Sortenschutzname: deléri

New Dawn

Blüte: zartes silbriges Rosa, gefüllt
Duft: zart
Wuchs: bis 300 cm hoch, stark wüchsig mit biegsamen Langtriben, willig kletternd
Blattgesundheit:
Herkunft: Züchter Somerset Rose Nursery, 1930 eingeführt
Besonderes: hitzeverträglich, regenfest

Penny Lane®

Blüte: honig-champagnerfarben, gefüllt
Duft: angenehm
Wuchs: bis 300 cm hoch, aufrecht kletternd, schnell wachsend
Blattgesundheit:
Herkunft: Züchter Harkness, 2000 eingeführt
Besonderes: hitzeverträglich, regenfest

Rosanna®

Blüte: lachsrosa, stark gefüllt, edelrosenartig
Duft: zart
Wuchs: bis 250 cm hoch, breit buschig, schnell wachsend
Blattgesundheit: bis
Herkunft: Züchter W. Kordes' Söhne, 2002 eingeführt
Besonderes: hitzeverträglich, regenfest, starktriebig

Rotfassade® ADR 1999

Blüte: leuchtend rot, ungefüllt
Wuchs: 200 cm bis 300 cm hoch, aufrecht kletternd
Blattgesundheit: bis
Herkunft: Züchter Noack, 1997 eingeführt
Besonderes: zur Fassadenbegrünung geeignet, hitzeverträglich, regenfest

Santana®

Blüte: feurig rot, edel
Duft: zart
Wuchs: 250 cm bis 350 cm hoch, breit aufrecht
Blattgesundheit: bis
Herkunft: Züchter Rosen Tantau, 1985 eingeführt
Besonderes: sehr hitzeverträglich, regenfest, glänzende Belaubung

Schneewalzer®

Blüte: reinweiß, gefüllt, sehr groß, edelrosenartig
Duft: angenehm
Wuchs: buschig aufrecht kletternd, 250 cm bis 300 cm hoch
Blattgesundheit: 🍃🍃 bis 🍃🍃🍃
Herkunft: Züchter Rosen Tantau, 1987 eingeführt
Besonderes: langanhaltende Blüte, sehr hitzeverträglich

Shogun®

Blüte: kräftig rosa, gefüllt, edel
Duft: zart
Wuchs: 300 cm bis 400 cm hoch, aufrecht kletternd
Blattgesundheit: 🍃 bis 🍃🍃
Herkunft: Züchter Rosen Tantau, 1999 eingeführt
Besonderes: hitzeverträglich, regenfest

Sorbet®

Blüte: zartrosa mit Gelb, gefüllt, edelrosenartig
Duft: zart
Wuchs: 200 cm bis 250 cm hoch, aufrecht
Blattgesundheit: 🍃🍃 bis 🍃🍃🍃
Herkunft: Züchter Meilland, 1993 eingeführt
Besonderes: hitzeverträglich, regenfest, großblumig

Sympathie ADR 1966

Blüte: samtig dunkelrot, gefüllt, edle Blütenform
Duft: angenehm
Wuchs: bis 400 cm hoch, aufrecht bis überhängend, buschig
Blattgesundheit: 🍃🍃 bis 🍃🍃🍃
Herkunft: Züchter W. Kordes' Söhne, 1964 eingeführt
Besonderes: hitzeverträglich, regenfest

Tradition 95®

Blüte: leuchtend blutrot, halb gefüllt, auffallend gelbe Staubgefäße
Duft: zart
Wuchs: bis 250 cm hoch, aufrecht buschig, schnell wachsend
Blattgesundheit: 🍃🍃🍃
Herkunft: Züchter W. Kordes' Söhne, 1995 eingeführt
Besonderes: reichblühend, gute Frosthärte

White Cockade®

Blüte: elfenbeinweiß, gefüllt, groß, edelrosenartig
Duft: angenehm
Wuchs: 200 cm bis 250 cm hoch, kräftig, aufrecht
Blattgesundheit: 🍃 bis 🍃🍃
Herkunft: Züchter Cocker, 1969 eingeführt
Besonderes: hitzeverträglich, reichblühend

Kletterrosen – Rambler

Kletterrosen-Sorten mit langen, biegsamen Trieben, die kleinere Blüten in großen Büscheln bilden, nennt man „Rambler". Der Großteil dieser Sorten blüht nur einmal im Sommer, aber sehr üppig über mehrere Wochen. Sie können dank ihrer enormen Wuchskraft auch ohne Kletterhilfe in Bäume ranken und dabei Höhen von 3 m bis 10 m und mehr erreichen. Es gibt aber auch wenige öfterblühende Rambler-Sorten mit etwas gezähmten Wachstum. Dabei tolerieren die meisten Sorten auch halbschattige Lagen, ohne etwas von ihrer Blühleistung einzubüßen.

Apple Blossom

Blüte: zartrosa mit heller Mitte, apfelblütenähnlich, einmalblühend
Duft: zart
Wuchs: 3 m bis 5 m hoch, weiche biegsame Triebe, überhängend
Blattgesundheit:
Herkunft: Züchter Burbank, 1932 eingeführt
Besonderes: Rambler, hitzeverträglich, regenfest, reichblühend

Bobbie James

Blüte: cremeweiß, ungefüllt, einmalblühend in Dolden im Juni bis Juli
Duft: kräftig
Wuchs: 5 m bis 10 m hoch, aufrecht, in der Blütezeit überhängend
Blattgesundheit:
Herkunft: Züchter Sunningdale Nurseries, 1961 eingeführt
Besonderes: Rambler, hitzeverträglich, regenfest, sehr reichblühend

Bonny®

Blüte: reinrosa, halb gefüllt, einmalblühend, in reichen Dolden
Duft: zart
Wuchs: bis 3 m hoch, schnell wachsend, lange biegsame Triebe
Blattgesundheit:
Herkunft: Züchter Nieborg/ W. Kordes' Söhne, 1998 eingeführt
Besonderes: Rambler, hitzeverträglich, reichblühend

Ghislaine de Féligonde

Blüte: hellgelb, im Aufblühen cremeweiß, mittelgroß, gefüllt, öfterblühend
Duft: angenehm
Wuchs: 2 m bis 4 m hoch, lange, weiche Triebe, buschig
Blattgesundheit:
Kübel: ✔
Herkunft: Züchter Turbat, 1916 eingeführt
Besonderes: Rambler, für Rosenbögen und Obelisken, hitzeverträglich, verträgt Halbschatten

Goldfinch

Blüte: cremegelb, einmalblühend
Duft: angenehm
Wuchs: bis 4 m hoch, weichtriebig
Blattgesundheit: bis
Herkunft: Züchter W. Paul, 1907 eingeführt
Besonderes: Rambler, verträgt Halbschatten, dekorative Hagebutten im Herbst

Lykkefund

Blüte: cremegelb, im Aufblühen rahmweiß, klein, ungefüllt bis leicht gefüllt
Duft: angenehm
Wuchs: 5 m bis 7 m hoch, stachellos
Blattgesundheit:
Herkunft: Züchter Olsen, 1930 eingeführt
Besonderes: Rambler, hitzeverträglich, sehr frosthart, auch in Bäume wachsend

Momo®

Blüte: dunkelrot bis karminrot, gefüllt, öfterblühend
Wuchs: bis 2,5 m hoch, aufrecht
Blattgesundheit:
Herkunft: Züchter Noack, 1994 eingeführt
Besonderes: Rambler, glänzende Belaubung, hitzeverträglich, reichblühend

Paul's Himalayan MuskRambler

Blüte: hellviolettrosa, rosettenförmig gefüllt, einmalblühend
Duft: angenehm
Wuchs: 5 m bis 10 m hoch, starktriebig, aufrecht
Blattgesundheit:
Herkunft: unbekannt
Besonderes: Rambler, außerordentlich starkwüchsig, auch in Bäume wachsend, hitzeverträglich

Rose-Marie Viaud

Blüte: bläulich getöntes, dunkles Kirschrot bis Purpurrot
Wuchs: 3 m bis 5 m, starktriebig, lange elastische Triebe
Blattgesundheit: bis
Herkunft: Züchter Igoult; 1924 eingeführt
Besonderes: Rambler, fast stachelloser Sämling von Veilchenblau

Super Excelsa® ADR 1991

Blüte: karminrosa mit weißem Mittelstreifen, gefüllt, öfterblühend
Wuchs: 2 m bis 2,5 m hoch, weiche, biegsame Triebe
Blattgesundheit:
Kübel: ✔
Herkunft: Züchter Hetzel, 1986 eingeführt
Besonderes: hitzeverträglich, regenfest, reichblühend, muss aufgebunden werden, Rambler, auch als Kaskadenrose

Venusta Pendula

Blüte: weiß, einmalblühend, halb gefüllt
Duft: leicht
Wuchs: 5 m bis 6 m hoch
Blattgesundheit:
Herkunft: unbekannt
Besonderes: Rambler, früh blühend, wächst ideal in alten Baumkronen, sehr frosthart, *R. avensis*-Hybride

Historische Rosen

Die Gruppe der historischen Sorten, oft auch als Alte Rosen bezeichnet, ist genauso vielfältig wie man es nach der Jahrhunderte dauernden Entwicklungsgeschichte der Rose erwarten kann. Von den frühen Anfängen der Gartenrosen führte der Weg über *Gallica*-, *Alba*-, Damaszener-, Zentifolia-, Moos-, und Bourbon-Rosen bis hin zu den Remontant-Hybriden, die das Bindeglied zu den Modernen Rosen darstellen. Viele Sorten sind im Laufe der Zeit wieder verschollen, die bewährten aber haben sich bis heute erhalten und erfreuen noch immer viele Gartenfreunde mit Schönheit und Duft.

Charles de Mills

Blüte: purpurrot, dicht gefüllt, Schalenblüten, einmalblühend
Duft: zart
Wuchs: 150 cm hoch, breit buschig, überhängend
Blattgesundheit:
Kübel: ✔
Herkunft: Züchter Hardy, vor 1746 eingeführt
Besonderes: für naturnahe Gärten und Rosenhecken, *Gallica*-Hybride

Fantin Latour

Blüte: zartrosa, dicht gefüllte Schalenblüten, einmalblühend
Duft: kräftig
Wuchs: 200 cm hoch, breit buschig, überhängend
Blattgesundheit:
Herkunft: Züchter unbekannt, im 19. Jahrhundert eingeführt
Besonderes: für naturnahe Gärten und Rosenhecken, Zentrifolie

Frau Karl Druschki

Blüte: reinweiß, groß, kugelig
Duft: zart
Wuchs: bis 150 cm hoch, kräftig, aufrecht
Blattgesundheit: bis
Herkunft: Züchter Peter Lambert, 1901 eingeführt
Besonderes: gute Winterhärte, frühe Schnittrosen-Sorte, Remontant-Hybride

Königin von Dänemark

Blüte: leuchtend rosa, nach außen aufhellend, dicht gefüllt, becherförmig, einmalblühend
Duft: kräftig
Wuchs: 150 cm bis 200 cm hoch, breit buschig, überhängend
Blattgesundheit:
Herkunft: Züchter Booth, 1816 eingeführt
Besonderes: hitzeverträglich, für naturnahe Gärten und Rosenhecken, *Alba*-Rose

Louise Odier

Blüte: rein rosa, ganz gefüllt
Duft: kräftig
Wuchs: 150 cm hoch, aufrecht buschig, überhängend
Blattgesundheit: bis
Herkunft: Züchter Margottin, 1851 eingeführt
Besonderes: zum Vasenschnitt geeignet, Bourbon-Rose

Mme Boll

Blüte: intensiv rosa mit einem Hauch von Flieder, stark gefüllt
Duft: kräftig
Wuchs: 120 cm hoch, aufrecht
Blattgesundheit: bis
Kübel: ✔
Herkunft: Züchter Boll, in Europa 1859 eingeführt
Besonderes: späte, reiche und andauernde Blüte, beste Portland-Rose

Maiden's Blush

Blüte: zartrosa, nach außen hin aufhellend, dicht gefüllt, einmalblühend
Duft: kräftig
Wuchs: 150 cm hoch, breit buschig und leicht überhängend
Blattgesundheit: bis
Herkunft: gefunden in Kew Gardens, eingeführt 1797
Besonderes: hitzeverträglich, für naturnahe Gärten/Hecken, *Alba*-Rose

Rosa alba 'Suaveolens'

Blüte: reinweiß, gefüllt, einmalblühend
Duft: kräftig
Wuchs: bis 300 cm hoch, aufrecht buschig, überhängend
Blattgesundheit:
Herkunft: Bulgarien, von Dieck 1889 in Deutschland verbreitet
Besonderes: reichlicher Fruchtansatz mit roten Hagebutten, sehr winterhart

Rosa centifolia 'Muscosa'

Blüte: einmalblühend, intensiv karminrosa, dicht gefüllt
Duft: kräftig
Wuchs: 150 cm bis 180 cm hoch, buschig, mit bogig überhängenden Zweigen
Blattgesundheit:
Herkunft: *Rosa centifolia*, Holland, 1796 eingeführt
Besonderes: Knospen stark bemoost, Moos-Rose

Rose de Resht

Blüte: leuchtend rot bis purpurrot, gefüllt, öfterblühend
Duft: kräftig
Wuchs: 80 cm bis 100 cm hoch, aufrecht buschig bis rundlich
Blattgesundheit: bis
Kübel: ✔
Herkunft: Persien, Einführungsjahr unbekannt
Besonderes: hitzeverträglich, als Hecke, Damaszener-Rose

Souvenir de la Malmaison

Blüte: zartes Rosa, später rostiges Weiß, gefüllt, einmalblühend mit gelegentlicher Nachblüte
Duft: kräftig
Wuchs: bis 70 cm hoch, buschig
Blattgesundheit:
Herkunft: *Rosa borboniana*, Züchter Béluze, 1843 eingeführt
Besonderes: berühmte Bourbon-Rose

Naturnahe Wildrosen-Hybriden

Bei dieser Gruppe handelt es sich um keine „offizielle“ Rosenklasse – die Sorten könnten auch den historischen beziehungsweise modernen Strauchrosen zugeordnet werden. Alle hier aufgeführten Rosen haben als einen Elternteil eine Wildrose oder stehen einer solchen verwandtschaftlich nahe – dadurch ist ihnen ein natürlicher Charme erhalten geblieben. Durch ihren ausladenden Wuchs brauchen solche Sorten viel Platz, sind aber die idealen Rosen für einen naturnahen Garten, in dem sich Mensch und Tier wohlfühlen können.

Mrs Anthony Waterer

Blüte: purpurrot, groß, gefüllt
Duft: angenehm
Wuchs: bis 150 cm hoch, breit buschig
Blattgesundheit:
Herkunft: Züchter Waterer, 1898 eingeführt
Besonderes: *R. rugosa*-Hybride, stark bestachelt, leichte Nachblüte im Herbst

Rosa canina 'Von Kiese'

Deutscher Name: Von-Kiese-Hunds-Rose
Blüte: feuerrot in großen Büscheln, einfach, einmalblühend
Wuchs: 200 cm bis 300 cm hoch, stark wüchsig, überhängend
Blattgesundheit:
Herkunft: Mitteleuropa, 1910 eingeführt
Besonderes: hitzeverträglich, Kreuzung zwischen Hundsrose und 'General Jacqueminot', auffällige orangerote Hagebutten

Rosa gallica 'Officinalis'

Deutscher Name: Apotheker-Rose
Blüte: karminrot, halb gefüllt, einmalblühend
Duft: angenehm
Wuchs: 100 cm bis 120 cm hoch, buschiger Wuchs, etwas überhängend, wenig Ausläufer
Blattgesundheit:
Herkunft: Mitteleuropa, *Rosa gallica*, vor 1310 eingeführt
Besonderes: orangerote Hagebutten, hitzeverträglich, 2000 Jahre in Kultur und Nutzung (Rosenöl)

'Nevada'

Deutscher Name: Strauchrose Nevada
Blüte: cremeweiß, halbgefüllt, einmalblühend, mit schwacher Nachblüte
Duft: zart
Wuchs: 200 cm hoch und breit
Blattgesundheit:
Herkunft: Züchter Dot, 1927 eingeführt, Abstammung ungeklärt, möglicherweise *R. moyesii* oder *R. pimpinellifolia*
Besonderes: Parkrose für Einzelstand oder Hecken, bekannt auch die Mutation 'Marguerite Hilling' (Hilling, 1959) mit rosa Blüten

Rosa omeiensis 'Pteracantha'

Deutscher Name: Stacheldraht-Rose
Blüte: reinweiß, einfach, einmalblühend
Duft: zart
Wuchs: bis 200 cm hoch und breit
Blattgesundheit: bis
Herkunft: China
Besonderes: kugelförmige, rote Hagebutten, sehr auffällige, bis zu 3 cm breite, rote Stacheln an jungen Trieben

Rosa pendulina 'Bourgogne'

Deutscher Name: Alpen-Rose Bourgogne
Blüte: zartrosa, einfach, einmalblühend
Wuchs: 150 cm hoch und 120 cm breit
Blattgesundheit:
Herkunft: Züchter Interplant, 1983 eingeführt
Besonderes: leuchtend rote Hagebutten mit hohem Vitamin-C-Gehalt

Rosa pimpinellifolia 'Frühlingsgold'

Deutscher Name: Frühlingsgold-Rose
Blüte: goldgelb, einfach, einmalblühend
Duft: angenehm
Wuchs: 250 cm hoch und 200 cm breit
Blattgesundheit:
Herkunft: Züchter W. Kordes' Söhne, 1937 eingeführt, Abstammung von *R. pimpinellifolia*
Besonderes: frühe Blüte nach dem Austrieb, sehr frosthart

Rosa pimpinellifolia 'Maigold'

Deutscher Name: Maigold-Rose
Blüte: leuchtendes Goldgelb mit Kupferschein, halbgefüllt, einmalblühend
Duft: angenehm
Wuchs: 250 cm hoch und 200 cm breit
Blattgesundheit: bis
Herkunft: Züchter W. Kordes' Söhne, 1953 eingeführt, Abstammung von *R. pimpinellifolia*
Besonderes: frühste Blüte, in geschützter Lage auch Kletterrose

Rosa rubiginosa 'Magnifica'

Deutscher Name: Prächtige Wein-Rose
Blüte: im Aufblühen hellrot, dann lachsrosa, halb gefüllt, einmalblühend
Duft: duftet nach Apfel
Wuchs: 150 cm bis 180 cm hoch, kräftig, aufrecht, leicht überhängend
Blattgesundheit:
Herkunft: Mitteleuropa, *Rosa rubiginosa*, 1916 eingeführt
Besonderes: überreich blühend, Vogelschutzgehölz und Bienenweide, hitzeverträglich, eine der prächtigsten Gartenformen der Weinrose, orangerote Hagebutten

Rosa rugosa 'F. J. Grootendorst'

Deutscher Name: Nelken-Rose
Blüte: leuchtendes Karminrot, verblauend, halb gefüllt, nelkenartig gefranst
Wuchs: 100 cm bis 150 cm hoch und 70 cm breit
Blattgesundheit:
Herkunft: Züchter Grootendorst, 1918 eingeführt
Besonderes: empfehlenswert für Hecken, reich an Stacheln und Borsten, bildet keine Hagebutten

Rosa sweginzowii 'Macrocarpa'

Deutscher Name: Kansu-Rose
Blüte: karminrot, einfach, einmalblühend
Duft: zart
Wuchs: bis 250 cm hoch, überhängend
Blattgesundheit:
Herkunft: China, sehr alt
Besonderes: sehr große Hagebutten, stark wachsend, junge Triebe sind weinrot, hitzeverträglich

Wildrosen

Hier werden die Wildarten der Rosen eingeordnet, so wie sie an ihrem natürlichen Standort vorkommen und nicht in irgendeiner Form züchterisch bearbeitet sind. Dabei gibt es europäische Arten, die bei uns wirklich heimisch sind, und auch solche aus Asien oder Nordamerika, die zum Teil schon vor langer Zeit eingeführt wurden. Im Handel werden Wildrosen immer auf eigener Wurzel angeboten – aus Samen gezogen oder stecklingsvermehrt. Wer einen naturbelassenen Garten anstrebt, in dem Kleintiere und Insekten ein Refugium und reichlich Nahrung finden, der sollte Wildrosen pflanzen.

Rosa arvensis

Deutscher Name: Kriech-Rose
Blüte: weiß, ungefüllt, einmalblühend
Duft: zart
Wuchs: 40 cm bis 100 cm hoch, kriechend buschig bis überhängend
Blattgesundheit:
Herkunft: Mitteleuropa
Besonderes: auch als Kletterpflanze bis 400 cm Höhe, Bienen- und Insektenweide, hitzeverträglich, bildet im freien Wuchs undurchdringliche Gebüsche, hellrot glänzende Hagebutten, Vogelnähr- und Nistgehölz

Rosa gallica

Deutscher Name: Essig-Rose
Blüte: rosakarmin, ungefüllt, einmalblühend
Duft: angenehm
Wuchs: 50 cm bis 100 cm hoch, aufrecht bis überhängend, Ausläufer bildend
Blattgesundheit:
Herkunft: Mitteleuropa
Besonderes: Bienenweide, Vogelnähr- und Nistgehölz, hitzeverträglich, Stammmutter vieler Gartenrosen, braunrote Hagebutten

Rosa glauca

Deutscher Name: Rotblättrige Rose, Hecht-Rose
Blüte: außen rosarot, innen weißes Auge, einfach, einmalblühend
Duft: zart
Wuchs: 100 cm bis 250 cm hoch, aufrecht, leicht überhängend
Blattgesundheit:
Herkunft: Mitteleuropa
Besonderes: Vogelschutz- und Nistgehölz, Bienenweide, hitzeverträglich, attraktive blaugrüne Laubfärbung und rötliche, fast stachellose Triebe, dunkelrot glänzende Hagebutten

Rosa hugonis

Deutscher Name: Chinesische Gold-Rose, Seiden-Rose
Blüte: gelb, ungefüllt, einmalblühend
Duft: zart
Wuchs: 150 cm bis 300 cm hoch, aufrecht ausladend bis überhängend
Blattgesundheit:
Herkunft: Scanlan/China, 1899 eingeführt
Besonderes: hitzeverträglich, bringt Gelb in die reine Wildrosenhecke, da mitteleuropäische Wildrosen keine gelben Blüten haben, auch als Strauchrose verwendbar, braunrote Hagebutten

Rosa jundzillii

Deutscher Name: Raublättrige Rose
Blüte: karmin bis hellrosa, groß, einmalblühend
Duft: angenehm
Wuchs: 150 bis 200 cm, aufrecht bis bogig überhängend, Ausläufer bildend
Blattgesundheit:
Herkunft: Mitteleuropa
Besonderes: hitzeverträglich, scharlachrote Hagebutten im Herbst, reichblühend

Rosa majalis

Deutscher Name: Zimt-Rose, Mai-Rose
Blüte: im Aufblühen karminrot, dann silbrig rosa, einfach, einmalblühend
Duft: intensiv
Wuchs: 100 cm bis 150 cm hoch, aufrecht, buschig, Ausläufer bildend
Blattgesundheit:
Herkunft: Mitteleuropa
Besonderes: Bienenweide, hitzeverträglich, verträgt als einzige Wildrose feuchte Standorte, braucht von allen Wildrosen am wenigsten Sonne, glänzend tiefrote Hagebutten

Rosa multiflora

Deutscher Name: Vielblütige Rose, Büschel-Rose
Blüte: weiß, klein, einfach
Duft: intensiv
Wuchs: 200 cm bis 500 cm hoch, Triebe gebogen
Blattgesundheit:
Herkunft: Ostasien, 1860 in Europa eingeführt
Besonderes: Bienenweide, Vogelnährgehölz, bestachelte und unbestachelte Formen, bildet dichte undurchdringliche Gebüsche, rote Hagebutten

Rosa pimpinellifolia, syn. Rosa spinossissima

Deutscher Name: Bibernell-Rose, Dünen-Rose
Blüte: cremeweiß, einfach, einmalblühend, früh
Duft: zart
Wuchs: 100 cm bis 150 cm hoch, buschig, aufrecht
Blattgesundheit:
Herkunft: Mitteleuropa
Besonderes: Vogelnährgehölz, hitzeverträglich, Ausläufer bildend, dekorative schwarze Hagebutten

Rosa rubiginosa

Deutscher Name: Wein-Rose, Schottische Zaun-Rose
Blüte: rosa mit weißem Auge, ungefüllt, einmalblühend
Duft: intensiv
Wuchs: 200 cm bis 300 cm hoch, aufrecht, leicht überhängend
Blattgesundheit:
Herkunft: Mitteleuropa
Besonderes: Bienenweide, Vogelnähr- und Nistgehölz, hitzeverträglich, bildet undurchdringliche Gebüsche, starke Bestachelung, anregender Apfelduft der Blätter, schmackhafte Hagebutten

Rosa rugosa

Deutscher Name: Japanische Apfel-Rose, Kartoffel-Rose
Blüte: weinrot oder reinweiß, einfach
Duft: intensiv
Wuchs: 150 cm hoch, breit buschig, aufrecht
Blattgesundheit:
Herkunft: nordöstliches Asien, 1784 in Europa eingeführt
Besonderes: starke Bestachelung, nicht salzempfindlich, große orangerote Hagebutten, liebt leichte, sandige Böden

Rosa villosa

Deutscher Name: Apfel-Rose
Blüte: rot aufblühend, dann rosa mit weißem Auge, ungefüllt, einmalblühend
Duft: zart
Wuchs: 100 cm bis 200 cm hoch, kompakter, gedrungener Strauch, leicht überhängend
Blattgesundheit:
Herkunft: Mitteleuropa
Besonderes: Vogelschutz- und Nistgehölz, Bienenweide, hitzeverträglich, sehr große Blüten und Hagebutten, samtig, filzige Blätter

Rosengärten

ROSARIEN IN DEUTSCHLAND

Ort	Name	Infos
01129 Dresden	Rosengarten am Neustädter Elbufer, An der Albert Brücke	Landeshauptstadt Dresden, Grünflächenamt, Telefon: 0351/4880
01326 Dresden-Pillnitz	Lehr- und Sichtungsgarten	Lohmener Str. 12, Telefon: 0351-2612-476
03042 Cottbus	Rosengarten im Spreeauenpark	BUGA Cottbus 1995 GmbH, Vorparkstr. 2, Telefon: 0355/7542369
03149 Forst (Lausitz)	Ostdeutscher Rosengarten	Wehrinselstr. 42, Telefon: 03562/699066 www.rosengarten-forst.de
06526 Sangerhausen	Europa-Rosarium	Steinberger Weg 3, Telefon: 03464-572522
10785 Berlin	Rosengarten im Tiergarten	Natur- und Grünflächenamt Tiergarten, Straße des 17. Juni 31, Telefon: 030/200933110, www.berlin.de/tourismus
12349 Berlin	Rosengarten im Britzer Garten	Sangerhauserweg 1, Grün Berlin Park und Garten GmbH; Telefon: 030/700960 www.gwen-berlin.de/britz/Gestaltung/rosengarten.php
13161 Berlin	Bürgerpark Pankow	Natur- und Grünflächenamt Pankow, Pasewalker Str. 64, Telefon: 030-48832397
14191 Berlin	Botanischer Garten Dahlem	Königin-Luise-Str. 6-8, Telefon: 030-83850100, www.berlin.de/tourismus
14109 Berlin	Rosengarten auf der Pfaueninsel	Stiftung Preußische Schlösser und Gärten, Berlin-Brandenburg, Postfach 601462, Telefon: 0331-9694201 oder -202, www.spsg.de
14414 Potsdam	Schloß Charlottenhof, Im Park Sanssouci, Am grünen Gitter 7 in 14469 Potsdam	Stiftung Preußische Schlösser und Gärten, Berlin-Brandenburg, Postfach 601462, Telefon: 0331-9694309, www.spsg.de
24960 Glücksburg	Schloßpark Rosarium	Am Schloßpark 2b, Telefon: 04631-60100
25365 Sparrieshoop	Rosengarten von W. Kordes' Söhne	Rosenstraße 54, Telefon: 04121-48700, www.kordes-rosen.com/
25436 Uetersen	Rosarium Uetersen, Berliner Straße	Rathaus, Wassermühlenstr. 7, Telefon: 04122-7140, www.stadt-uetersen.de/
28359 Bremen	Botanischer Garten/Rhododendron-Park	Botanischer Garten/Rhododendron-Park Bremen, Marcusallee 60, Tel. 0421-3613025, www.bremen.de/suche.html
30175 Hannover	Rosengarten im Stadtpark	Grünflächenamt, Kleefelder Str. 35, Telefon: 0511-16842656
30419 Hannover	Rosengarten im Großen Garten	Stadt Hannover, Fachbereich Umwelt und Stadtgrün, Herrenhäuser Str. 4, Telefon: 0511-16847576, www.Herrenhaeuser-Gaerten.de
30966 Hemmingen	Historische Rosengärten	Göttinger Landstr. 75, Telefon: 0511-420770 (geöffnet vom 1. März bis 30. Oktober)
34131 Kassel	Park Wilhelmshöhe	Schloßpark 18, Telefon: 0561-311359
44139 Dortmund	Deutsches Rosarium VDR im Westfalenpark	An der Buschmühle 3, Telefon: 0231-5026100 oder 0231-5026116
54292 Trier	Rosengarten in Nells Ländchen, Dasbach Straße	Grünflächenamt der Stadt Trier, Gärtnerstr. 62, Telefon: 0651-718-3679
59505 Bad Sassendorf	Rosengarten im Kurpark, Weslarnerstraße	Saline Bad Sassendorf GmbH, Telefon: 02921/5014711
60323 Frankfurt/Main	Rosengarten im Palmengarten, Siesmayerstraße	Siesmayerstr. 61, Telefon: 069-212-36689
61231 Bad-Nauheim-Steinfurth	Schaugarten der Rosenschule Gönewein	Rosen-Gönewein, Steinfurther Hauptpstr. 1-5, Telefon: 06032/85181
61231 Bad-Nauheim-Steinfurth	Rosenmuseum Steinfurth	Alte Schulstr. 1, Telefon: 06032/86001
61231 Bad-Nauheim-Steinfurth	Schaugarten der Rosen-Union	Steinfurther Hauptstr. 27, Telefon: 06032-965301, www.rosen-union.de/info/kontakt/index.htm
61231 Bad-Nauheim-	Rosenschule Schultheis	Rosenhof, Bad Nauheimer Str. 3-7, Telefon 06032/81013, Steinfurth Fax 06032/85890 E-Mail: infos@rosenhof-schultheis.de, Internet: www.rosenhof-schultheis.de
64287 Darmstadt	Rosenhöhe	Wolfskehlstr, Telefon: 06151-132900
65343 Eltville	Rosengarten am Burggraben	Kurfürstliche Burg, Burgstraße, Telefon: 06123-9098-0
66482 Zweibrücken	Europas Rosengarten, Rosengarten Str. 50	Stadtverwaltung Zweibrücken, Stadtbauamt, Gymnasiumstr. 5/7, Telefon: 06332-871670
67059 Ludwigshafen am Rhein	Rosengarten im Ebertpark, Erzberger Str. in 67063 Ludwigshafen am Rhein	Grün- und Friedhofbetrieb, Bliesstr. 10, Telefon: 0621-504-3375

Ort	Name	Infos
68165 Mannheim	Rosengarten im Herzogenriedpark, Hochufer Str. 27, Neuer Messplatz, 68167 Mannheim	Stadtpark Mannheim GmbH, Gartenschauweg 12, Telefon: 0621-333789
70192 Stuttgart	Tal der Rosen, Höhenpark Killesberg	Garten- und Friedhofsamt, Maybachstr. 3, Telefon: 0711-216-5425
71640 Ludwigsburg	Blühendes Barock	Mömpelgardstr. 28, Telefon: 07141-924241, www.ludwigsburg.de/servlet/PB/menu/1041360/index.html
76530 Baden-Baden	Gönneranlage	Gartenamt Baden-Baden, Winterhalterstr. 6, Telefon: 07221-931200, www.baden-baden.de/tourismus/baden-baden_erleben/sehenswuerdigkeiten/details/00035/index.html
78465 Mainau	Blumeninsel im Bodensee	Blumeninsel Mainau GmbH, 07531-3030
81541 München	Rosengarten im Westpark, Hansa Str. 53, 81373 München	Landeshauptstadt München, Baureferat, Gartenbau, Eduard-Schmid-Str. 36, Telefon: 089-7601675
96049 Bamberg	Rosengarten der neuen Residenz	Staatliche Schloßverwaltung, Bamberg, Domplatz 8, Telefon 0951-519390, Fax: 0951-51939-129, www.schloesser.bayern.de
96419 Coburg	Rosengarten, Alexandrien Straße, 96450 Coburg	Stadt Coburg, Grünflächenamt, Telefon: 09561-891671

Bitte vor einem Besuch nach Öffnungszeiten und Eintrittspreisen sowie Weg erkundigen. Die angegebene Postleitzahl gehört zur Info-Adresse.

FRANKREICH

Name	Adresse	Besonderes
Roserie du Chateau de la Malmaison	92500 Rueil-Malmaison, Telefon: 01-41290555	Einst berühmtester Rosengarten der Welt – zur Zeit von Kaiserin Josephine
Roseraie du Val-de-Mar L'Hay-les-Roses	bei Paris, Telefon 01-43998280	3500 Rosen in Arten und Sorten, im Jugendstil angelegter Park
Jardin de Bagatelle im Bois de Bologne Paris	Paris, Route de Sévres à Neuilly, Telefon 01-40679700	Bedeutendes Rosarium in der Parkanlage des Bois de Bologne, Rosenprüfgarten Frankreichs
Tet d'Or/Rosaeraie du Parc de la Tete de'Or	Informations pratiques Parc de la Tête d'Or M Bernard Deville, Directeur – 69006 LYON Tél. +33 (0) 4 72 69 47 60, Fax. .+33 (0) 4 72 69 48 09 horaires: 6h à 21h pour la période du 15 octobre au 14 avril 6h à 23h pour la période du 15 avril au 14 octobre	Seit 1862, Park im englischen Stil

ENGLAND

Queen Mary's Gardens	London NW 1, Inner Circle, Regent's Park, internet: www.royalparks.gov.uk/parks/regents_park/about.cfm	Queen Mary's Garden gehört zu Londons größtem Rosengarten. Er liegt im Zentrum des Regents Parks. Über 30.000 Pflanzen – alte und moderne Sorten
Sissinghurst Castle Garden	Kent TN 17 2AB – Informationen: Sissinghurst: bei Cranbrook, Kent, eine Autostunde südlich von London, Garten geöffnet von April bis Oktober, National Trust Tel: 01580-712850 Bed & Breakfast Tel: 01580-712885, Internet: http://www.naturundgarten.de/andere_Garten/Sissinghurst/sissinghurst.html oder http://www.lespress.de/052001/texte052001/stadtlandfluss.html	Heimat von Vita Sackville-West und Harold Nicholson. Einer der wichtigsten Gärten von Britain National Trust
The National Rose Society Gardens of the Rose	St. Albans, Herfortshire AL 2 3 NR, Chiswell Grenn Lane, email: mail@rnrs.org.uk, Internet: http://www.rosentreff.de/garten/society/society.html	über 30000 alte und moderne Rosen
Mottisfont Abbey	Romsey, Hampshire SO51 OLP, Internet: www.rosentreff.de/garten/mottisfont/mottisfont.html	Rosengarten des National Trust mit vielen alten Rosensorten, alle Rosen von Graham Stuart
Thomas Wisley Gardens	30 km südlich von London, Internet: www.rosentreff.de/garten/wisley/wisley.html	2800 Rosen, bekannter Park mit über 600.000 Besuchern pro Jahr
David Austin Roses	Albrighton, Wolverhampton WV7 3HB, Bowling Green Lane, email: retail@davidaustinroses.com, Internet: www.rosentreff.de/garten/austin/austin.html	eigene Züchtungen, historische Rosen
Peter Beales	Attleborough, Norfolk NR17 1 AY, London Road, email: sales@classicroses.co.uk	klassische Rosen, eigene Züchtungen, Schaugarten

Name	Adresse	Besonderes
Harkness & Co. Ltd.	Hitchin, Hertfordshire SG4 1 AY, Cambridge Road, email: harkness@roses.co.uk	

BELGIEN

The Rose Garden at Vrijbroek Park	Mechelen; Internet: www.worldrose.org/awards/vrijbroek.html	
Park Coloma	www.bruegelprojekt.be/coloma.htm	über 30.000 Rosen, 3000 Sorten

NIEDERLANDE

Doolhof Amstelpark	Stadsdeel Buitenveldert, H. v. Rozelaar, Amstelpark 15, 1083 HZ Amsterdam, internet-info: http://www.doolhoven.nl/oude_site/amstlprk.html	

ITALIEN

Foundazione Roseto Botanica „Carla Fineschi“	52022 Cavriglia d´Arezzo, Internet: www.mondorose.it/roseto_fineschi.htm oder http://www.worldrose.org/awards/fineschi.html	über 6000 Sorten

SCHWEIZ

Roseraie du Parc de la Grange Genf	1211 Geneve (Genf), Quai Gustave-Ador/Avenue de Frontenex, Tel. 022-418 50 00, Fax. 022-418 5001	Internationale Rosenprüfung mit einigen Sorten, die noch nicht im Handel sind
Rosenschule Huber	5605 Dottikon, e-mail: info@rosen-huber.ch, Tel. 056-624 18 27, Fax. 056-624 24 24, Internet: www.rosen-huber.ch/flash_index.html	Viele historische Strauch- und Kletterrosen, auch eigene Züchtungen, Schaugarten
Rosengarten Schloß Heidegg bei Luzern	Schloss Heidegg, 6284 Gelfingen, Telefon: 041 917 13 25, Fax: 041 917 13 08, e-mail: info@heidegg.ch, Tel. 041-917 13 25, Fax. 041-917 13 08, www.heidegg.ch/w_schloss/site/schloss.asp?RID=28&AID=422	Schöne Anlage im barocken Stil am Schloß, Rosenseminare
Rosengarten Kartause Ittingen	8532 Warth/Kanton Thurgau e-mail: kartause@bluewin.ch, Tel. 052 -748 44 11, Fax. 052 – 747 26 57, Internet: http://www.kartause.ch/default_1.cfm	Historische und moderne Rosen in einer Klosteranlage
Internationale Alpine Rosenprüfanlage Braunwald	8784 Braunwald/Kanton Glarus	Aktuelle Rosensorten im Härtetest (Höhe 1.300 m)

ÖSTERREICH

Rosarium im Donaupark Wien	Donauturmstraße/Arbeiterstrandbad-straße (22. Bezirk), 1010 Wien Tel. 01 – 26 97 92 10, Internet: http://www.wien.gv.at/ma42/parks/dprose.htm	Über 1.000 Sorten
Österreichisches Rosarium im Doblhoffpark Baden bei Wien	2500 Baden bei Wien, Pelzgasse, Tel. 00 43 / 2252 / 22600 -600, Internet: www.baden-bei-wien.at/pages/features/rg_rosarium.shtml	Große Sammlung von Sorten des österreichischen Rosenzüchters Rudolf Geschwind

ROSEN IM INTERNET

www. Welt-der-Rosen.de	Hier finden Sie noch weitere nationale und internationale Adressen von Rosengärten, Rosenstätten, Rosendörfern und andere
www.worldrose.org	Informative umfangreiche Homepage

Adressen

Bezugsquellen für Rosen

DEUTSCHLAND
BKN Strobel
Pinneberger Str. 238
25488 Holm-Kreis Pinneberg-Deutschland

Bezug über
Rosarot Pflanzenversand
Gerd Hartung
Besenbek 4b
25335 Raa-Besenbek
Tel.: 0 41 21/42 38 84
www.rosenversand24.de

W. Kordes' Söhne Rosenschulen GmbH & Co.KG
Rosenstraße 54
25365 Klein Offenseth-Sparrieshoop
Tel.: 0 41 21/4 87 00
Fax: 0 41 21/8 47 45
www.kordes-rosen.com

Rosen Welt Tantau
Tornescher Weg 13
25436 Uetersen
Tel.: 0 41 22/70-84
Fax: 0 41 22/70-87
www.rosen-tantau.com

Noack Rosen
Im Fenne 54
33334 Gütersloh
Tel.: 0 52 41/2 01 87
Fax: 0 52 41/1 40 85
www.noack-rosen.de

Rosen Gönewein
Steinfurther Hauptstr. 1–5
61231 Bad Nauheim-Steinfurth
Tel.: 0 60 32/8 51 81
www.rosen-goenewein.de

Rosenhof Schultheis
Bad Nauheimer Str. 3–7
61231 Bad Nauheim-Steinfurth
Tel.: 0 60 32/8 10 13
Fax: 0 60 32/8 58 90
www.rosenhof-schultheis.de

Rosen Union e.V.
Steinfurther Hauptstraße 27
61231 Bad Nauheim-Steinfurth
Tel.: 0 60 32/96 53 01
Fax: 0 60 32/8 62 20
www.rosen-union.de

BELGIEN
Lens Roses
Redinnestraat 11
B-8460 Oudenburg
Tel.: 00 32/(0) 59 26/7830
Fax: 00 32/(0) 59 26/56 14
www.lens-roses.com

Bezug über Rosarot Pflanzenversand

FRANKREICH
Pépinières et Roseraies Georges Delbard
Malicorne
F-03600 Commentry
Tel.: 00 33/(0)4 7064/33 34
Fax: 00 33/(0)4 7064/58 61
www.delbard.com

Bezug über
Lacon: www.lacon-rosen.de
Baldur Garten Versand: www.baldur-garten.de
Rosengärtnerei Kalbus: www.kalbus.de

GROSSBRITANNIEN
David Austin Roses Ltd
Bowling Green Lane
Albrighton
GB-Wolverhampton WV7 3 HB
Tel.: 00 44/(0)19 02/37 63 71
Fax: 00 44/(0)19 02/37 21 42
www.davidaustinroses.com

Bezugsquellen für Wildrosen und Historische Rosen

DEUTSCHLAND
Schloßgärtnerei Gartenbau Lützow
Rosenowerstr. 2
19209 Lützow
www.schlossgaertnerei-luetzow.de

Rosen Jensen
Am Schloßpark 2b
24960 Glücksburg
www.rosen-jensen.de

Rosen Gönewein
Steinfurther Hauptstr. 1-5
61231 Bad Nauheim-Steinfurth
Tel.: 0 60 32/8 51 81
www.rosen-goenewein.de

Rosenschule Ruf
Bioland-Betrieb
Zum Sauerbrunnen 35
61231 Bad Nauheim-Steinfurth
www.rosenschule-ruf.de

Rosenhof Schultheis
Bad Nauheimer Str. 3–7
61231 Bad Nauheim-Steinfurth
Tel.: 0 60 32/8 10 13
Fax: 0 60 32/8 58 90
www.rosenhof-schultheis.de

Baumschule Goos
Alte Hohl 7
69168 Wiesloch-Baiertal
Tel.: 0 62 22/7 34 34

Landhaus Ettenbühl
Hof Ettenbühl
79415 Bad Bellingen-Hertingen
Tel.: 07635 827 97-0
www.landhaus-ettenbuehl.de

Rosengärtnerei Kalbus
Hagenhausener Hauptstr. 112
90518 Altdorf/Hagenhausen
Tel.: 0 91 87/5 72
Fax.: 09187/5722
www.rosen-kalbus.de

M. Weingart
Hirtengasse 16
99947 Bad Langensalza
Tel.: 0 36 03/81 39 26

SCHWEIZ
Roseraies Tschanz S.A.
61, route de Chavannes
CH-1007 Lausanne

Roseraies Hauser
CH-2028 Vaumarcus
Tel.: 00 41/(0) 38 55 12 18

Fritz Woodtli Rosenkulturen
Moosweg 21
CH-3072 Ostermundigen
Tel.: 00 41/(0) 31 931 12 69

Reinhard Heinis Baumschulen
CH-4410 Liestal
Tel.: 00 41/(0) 61 901 46 53

Wyss Samen und Pflanzen AG
CH-4528 Zuchwill
Tel.: 00 41/(0) 32 686 68 68

Zulauf AG Baumschulen
CH-5107 Schinznach-Dorf
Tel.: 00 41/(0) 56 43 31 31

Rosencenter Richard Huber AG
Rothenbühlstrasse 8
CH-5605 Dottikon
Tel.: 00 41/(0) 56 624 18 27
www.rosen-huber.ch

Hoffmann AG Baumschulen
Weiningerstrasse 31
CH-8103 Unterengstringen
Tel.: 00 41/(0) 1 750 31 31

Hämmig Robert Baumschulen
CH-8132 Egg bei Zürich
Tel.: 00 41/(0) 1 984 14 33

Hauenstein AG Baumschulen
Landstrasse 42
CH-8197 Rafz
Tel.: 00 41/(0)44 879 11 22
www.hauenstein-rafz.ch

ÖSTERREICH
Grumer-Rosen
Raasdorferstr. 28–30
Ö-2285 Leopoldsdorf
Tel.: 00 43/(0) 22 16/22 23
www.grumer.at

Gärtner Starkl Baumschulen
Gärtnerstraße 4
Ö-3434 Frauenhofen/Tulln
Tel.: 00 43/(0) 22 72/6 42 42
www.gartner-starkl.at

Weitere Bezugsquellen
Alle beschriebenen Gehölze, Stauden und Sommerblumen bekommen Sie in Baumschulen, Gartencenter und Gärtnereien in Ihrer Nähe. Kontaktadressen können Sie in den Branchenbüchern und den „Gelben Seiten finden".

Rosen-Liebhabervereine

DEUTSCHLAND
Europa-Rosarium Sangerhausen
Steinberger Weg 3
06526 Sangerhausen
www.europa-rosarium.de

Verein Deutscher Rosenfreunde e.V.
Waldseestr. 14
76530 Baden-Baden
Tel.: 0 72 21/3 13 02
Fax: 0 72 21/3 83 37
www.rosenfreunde.de

SCHWEIZ
Gesellschaft Schweizerischer Rosenfreunde
Professor Dr. Theodor Zwygart
Schlossbergstrasse 23
CH-8820 Wädenswil
www.rosenfreunde.ch

ÖSTERREICH
Österreichische Rosenfreunde in der Österreichischen Gartenbau-Gesellschaft
Parkring 12
A-1010 Wien
Tel.: +43/(0)1/51 28-416
Fax: +43/(0)1/51 28-417

Register

Mit 473 Farbfotos von:
David Austin Roses, Wolverhampton: 116 (alle fünf), 117 oMi, 117 ore, 117 u (alle drei); **BKN Strobel**, Holm-Kreis Pinneberg: 4/5(?), 51 oli, 72 uMi, 74 ore, 74 uli, 76 oMi, 78 oli, 78 oMi, 78 ure, 80 ure, 81 oMi, 83 uli, 84 oli, 84 oMi, 84 ore, 86 uMi, 87 ure, 88 oli, 88 oMi, 89 ore, 89 uli, 90 oli, 91 uMi, 92 uMi, 93 oli, 93 oMi, 93 ure, 95 oMi, 95 ore, 96 ure, 97 uli, 99 oMi, 99 uMi, 100 ure, 101 uMi, 102 ure, 103 oMi, 103 ore, 104 uMi, 105 uli, 106 ure, 107 oMi, 109 ure, 110 oli, 110 ore, 110 ure, 111 ure, 112 ore, 112 uMi, 113 uli, 114 oMi, 119 oli, 121 ore, 123 ore; **Delbard Rosen**, Malicorne: 112 oMi, 122 oli; **Dominikanerkirche**, Colmar: 46 o; **GartenbildAgentur/Didillon**, Au/Hallertau: 18 o; **GartenbildAgentur/Clive Nichols**, Au/Hallertau: 36 u, 43 u; **GartenbildAgentur/Perder**, Au/Hallertau: 36 o; **GartenbildAgentur/Howard Rice**, Au/Hallertau: 13 u; **Gartenbild Agentur/Brigitte Thomas**, Au/Hallertau: 8; **Gartenschatz**, Stuttgart: 14 o, 16 u, 17 ure, 39 u, 51 uli, 52, 54, 55 u, 56 ure, 56 uli, 57 (alle 4), 58, 60 o, 64 li, 64 liMi, 64 re, 67 o (alle oli), 67 uMi, 77 uMi, 80 oMi, 83 oMi, 83 oMi, 88 uli, 89 oMi, 92 oMi, 94 uli, 95 oli, 99 oli, 99 uli, 106 uMi, 109 oMi, 109 ore, 112 oli, 117 oMi, 119 ore, 120 oli, 121 ure, 122 uli, 128 ure; **Rosen Gönewein**, Bad Nauheim-Steinfurth: 51 Mire, 122 oMi; **Susanne Haslage**, Sehnde: 81 uli; **Getrude Heider**, Erlangen: 12 o, 25 o, 32 o, 33 uli, 34 o, 39 o; **Die Grüne Fotoagentur**, Ellen Henseler, Wolfratshausen: 65 re; **Peter Kiermeier**, Furth ü. Landshut: 9 (alle drei), 10, 11 (alle vier), 14 u, 15 (alle zwei), 16 o, 17 o, 18 u, 20 (alle zwei), 21 (alle zwei), 22 (alle zwei), 23 u, 25 u, 31 u, 33 o, 33 ure, 34 u, 35 (alle zwei), 37 u, 41 o, 41 ure, 42 (alle zwei), 130 ure, 130 uli, 131 oli; **W. Kordes' Söhne**, Klein Offenseth-Sparriershoop: 19, 47 li, 48 (alle 3), 49 li, 51 Mi, 51 uMi, 66 u (alle 3), 67 u re, 72 uli, 73 oMi, 73 oli, 73 ore, 75 oli, 76 oli, 79 uli, 80 ore, 81 oli, 82 oli, 83 ore, 83 uMi, 85 ore, 87 oMi, 87 uli, 88 ore, 88 uMi, 89 uMi, 90 uli, 91 oMi, 91 ore, 92 oli, 92 ore, 92 uli, 92 ure, 93 ore, 93 uli, 94 oMi, 94 uMi, 95 uli, 97 ore, 97 uMi, 98 o, 99 ure, 101 oli, 101 ore, 102 ore, 102 uli, 103 oli, 104 uli, 105 oli, 105 uMi, 107 oli, 107 ore, 107 uMi, 108 o, 108 ure, 109 uMi, 110 uMi, 111 uMi, 112 uli, 112 ure, 113 oli, 113 oMi, 113 uli, 113 uMi, 114 oli, 114 ore, 114 ure, 115 oli, 115 uli, 115 uMi, 117 oli, 118 oli, 119 oMi, 120 uli, 120 uMi, 121 oli, 121 uli, 121 uMi, 123 uli, 123 uMi, 124 oli, 124 uli, 124 uMi, 125 uli, 125 uMi, 127 oli, 127 ore, 127 u (alle drei), 128 ore, 128 uMi, 129 o (alle drei), 129 uMi, 130 uMi, 131 oMi, 131 uMi; **Lens-Rosen**, Oudenburg: 110 oMi, 114 uli, 120 ore; **Robert Markley**, Haan: 41 uli, 43 o; **Christine Meile**, Diedorf: 125 oli; **Noack Rosen**, Gütersloh: 51 Mili, 73 uli, 74 uMi, 74 ure, 75 oMi, 77 ore, 77 ure, 78 uli, 79 oMi, 79 uMi, 79 ure, 82 ore, 82 uMi, 82 ure, 84 uMi, 84 ure, 85 ure, 86 oMi, 90 ore, 94 oli, 96 o, 97 oli, 97 oMi, 100 uMi, 101 ure, 102 oMi, 103 uMi, 104 oMi, 104 ore, 105 ure, 106 oli, 106 uli, 109 oli, 111 oMi, 111 ore, 114 uMi, 115 oMi, 115 ore, 118 ure, 119 ure, 120 oMi, 122 uMi, 125 oMi; **Thomas Proll**, Barmstedt: 4, 49 re, 63 (alle 4), 64 reMi, 65 liMi, 65 Mi, 65 reMi, 66 o, 67 ure, 68 (alle zwei), 69 (alle 3), 72 ure, 76 ore, 76 uMi, 77 uMi, 78 ore, 79 ore, 82 oMi, 83 oli, 84 uli, 89 uMi, 96 uli, 104 ure, 109 oMi, 118 ore, 118 uli, 120 ure,125 ure, 126 uMi; **Wolfgang Redeleit**, Bienenbüttel: 37 o; **Reinhard Tierfoto/Hans Reinhard**, Heiligkreuzsteinach: 12 u, 13 o, 30 (alle zwei), 31 o, 38; **Reinhard Tierfoto/Nils Reinhard**, Heiligkreuzsteinach: 17 uli; **Rosen-Union**, Bad Nauheim-Steinfurth: 51 oMi, 72 ore, 73 ure, 75 ore, 75 uli, 75 uMi, 75 ure, 77 oli, 79 oli, 81 uMi, 82 uli, 85 uMi, 86 oli, 87 oli, 89 oli, 90 oMi, 90 uli, 91 ure, 93 uMi, 94 ore, 100 oli, 100 uli, 101 oMi, 101 uli, 104 oli, 105 uMi, 108 uli, 111 oli, 111 uli, 122 ore, 123 ure, 126 uli; **Manfred Ruckszio**, Taunusstein: 65 li; **Christian Schultheis**, Bad Nauheim-Steinfurth: 46 u, 47 Mi, 47 re, 51 ure, 98 ure, 107 ure, 124 ure, 125 ore, 126 o (alle zwei), 126 ure, 127 oMi, 128 oli; **Burkhard Spellerberg**, Rethmar: 100 oMi, 103 ure, 105 ore; **Friedrich Strauß**, Au/Hallertau: 23 o, 26, 27, 130 ore; **Rosen Tantau**, Uetersen: 51 ore, 73 uMi, 74 oli, 74 oMi, 76 uli, 76 ure, 77 oMi, 77 uli, 78 umi, 80 oli, 80 uli, 80 uMi, 81 ore, 81 ure, 83 ure, 85 uli, 86 ore, 86 ure, 87 ore, 87 uMi, 88 ure, 90 ure, 91 oli, 91 uli, 94 ure, 95 uMi, 95 ure, 96 uMi, 97 ure, 98 uli, 98 uMi, 100 ore, 102 oli, 102 uMi, 103 uli, 105 oMi, 106 ore, 107 uli, 108 uMi, 109 uli, 110 uli, 113 ore, 115 ure, 118 uMi, 119 uMi, 121 oMi, 122 ure, 123 oli, 123 oMi; **Annette Timmermann**, Stolpe: 2/3, 6/7, 24 u, 28/29, 40, 44/45, 70/71, 124 ore; **Reinhart Witt**, Ottenhofen: 128 uli, 129 uli, 129 ure, 130 ore, 131 ore, 131 uli, 131 ure

Mit 12 Farbillustrationen von:
Wolfgang Lang, Grafenau-Döffingen: 53, 56 o, 60 ure, 60 uli, 61 (alle vier), 62 ure, 62 uli; **Horst Lünser**, Berlin: 10; **Bund deutscher Baumschulen**, Pinneberg: 55; **Christian Rost**, Stuttgart: alle Wuchssymbole nach Vorlage von W. Kordes' Söhne

Umschlaggestaltung von Atelier Reichert, Stuttgart
Umschlagvorderseite mit 1 Foto von Thomas Proll, Barmstedt (Sorte 'Aprikola®')
Umschlagrückseite mit (v.l.n.r.)1 Foto von Noack Rosen, Gütersloh (Sorte 'Herzogin Frederike®'), 1 Foto von Rosen Tantau, Uetersen (Sorte 'Candlelight®'),1 Foto von Gartenschatz, Stuttgart (Sorte 'Grande Amore®') und 1 Foto von Rosen Tantau (Sorte 'Pullman Express®')

Gedruckt auf chlorfrei gebleichtem Papier

Bibliografische Informationen der Deutschen Bibliothek
Die Deutsche Bibliothek verzeichnet diese Publikation in der Deutschen Nationalbibliografie; detaillierte bibliografische Daten sind im Internet über http://dnb.ddb.de abrufbar.

KOSMOS Postfach 106011
D-70049 Stuttgart
TELEFON +49 (0)711-2191-0
FAX +49 (0)711-2191-422
WEB www.kosmos.de
E-MAIL info@kosmos.de

1. Auflage

ISBN-13: 978-3-440-10694-5
ISBN-10: 3-440-10694-2
Lektorat: Verena Lindenthal, Angelika Throll-Keller
Produktion: Siegfried Fischer
Grundlayout: Atelier Reichert, Stuttgart
Gestaltung: Guido Schlaich, Gräfelfing
Printed in Germany / Imprimé en Allemagne

Die Blütezeiten sind ebenfalls sortenabhängig, aber auch klima- und standortabhängig. Die angegebenen Wuchshöhen und -breiten der Pflanzen sind Mittelwerte. Sie können je nach Nährstoffgehalt des Substrates variieren. Verschiedene Sorten können deutlich größer oder auch kleiner wachsen als die Art.

Alle Angaben in diesem Buch sind sorgfältig geprüft und geben den neuesten Wissensstand bei der Veröffentlichung wieder. Da sich das Wissen aber laufend in rascher Folge weiterentwickelt und vergrößert, muss jeder Anwender prüfen, ob die Angaben nicht durch neuere Erkenntnisse überholt sind. Dazu muss er zum Beispiel Beipackzettel zu Dünge-, Pflanzenschutz- bzw. Pflanzenpflegemitteln lesen und genau befolgen sowie Gebrauchsanweisungen und Gesetze beachten.